学生核心素养培养的学科教学创新

——A-S-K史家学科攻关课程与共创课程教学设计

北京教育科学研究院
“史家小学学校品牌提升”项目组 编

中国人口出版社
China Population Publishing House
全国百佳出版单位

图书在版编目（CIP）数据

学生核心素养培养的学科教学创新：A-S-K 史家学科攻关课程与共创课程教学设计 / 北京教育科学研究院"史家小学学校品牌提升"项目组编. -- 北京：中国人口出版社，2023.5

ISBN 978-7-5101-7546-6

Ⅰ.①学… Ⅱ.①北… Ⅲ.①素质教育—教学研究—小学 Ⅳ.①G622.0

中国版本图书馆 CIP 数据核字（2020）第 239423 号

学生核心素养培养的学科教学创新

——A-S-K 史家学科攻关课程与共创课程教学设计

XUESHENG HEXIN SUYANG PEIYANG DE XUEKE JIAOXUE CHUANGXIN

北京教育科学研究院
"史家小学学校品牌提升"项目组 编

责任编辑 魏小玲
美术编辑 刘海刚
责任印制 林 鑫 任伟英
出版发行 中国人口出版社
印刷 北京朝阳印刷厂有限责任公司
开本 710 毫米×1 000 毫米 1/16
印张 15.75
字数 250 千字
版次 2023 年 5 月第 1 版
印次 2023 年 5 月第 1 次印刷
书号 ISBN 978-7-5101-7546-6
定价 50.00 元

电子信箱 rkcbs@126.com
总编室电话 (010) 83519392
发行部电话 (010) 83510481
传真 (010) 83538190
地址 北京市西城区广安门南街 80 号中加大厦
邮政编码 100054

共识　共行　共创　共赢

（代　序）

“史家小学学校品牌提升”项目是北京教育科学研究院（以下简称北京教科院）与名校点对点合作的首次尝试，2017 年启动，历时 3 年。院校双方深度融合、精诚合作，共同研究、探索“深综改”（深化基础教育领域综合改革）背景下的学校发展新路径。

一、共识

科研机构是教育改革的同行者和引路人，学校是教育改革的开拓者和实践者，双方合作共同开展研究，强调合作意识、探索精神和结果导向。

现在，北京全市乃至全国范围内的学校都在做品牌扩充，史家小学也不例外。品牌的扩充对办人民满意的教育，让更多的学校尽快提升质量和影响，让更多的人受益，是有益处的；然而，品牌在扩充中也会产生优质资源稀释的问题。那么品牌提升的核心在哪里？对于学校而言，它之所以能成为品牌，在于它培养的学生素质的提升。那么，学生的素质怎么得到提升呢？主要靠课程与教学。所以学校品牌的提升还是要聚焦到课程与教学，即解决教什么的问题，解决怎么教、怎么学的问题。

北京市东城区史家胡同小学（以下简称史家小学）已经有一个很丰富的课程体系和一整套教学的体系，质量也很高，以这个项目为载体，凝聚科研机构的力量，开发基于核心素养培养的课程体系，为解决“教什么、学什么，怎么教、怎么学”问题注入一个新的因素，与老师们在理念、行动方式上形成更有科学性、前瞻性的共识。

二、共行

共识是为了合作双方的共行。现在“改革”这个词满天飞，但改革和实验这两个词是要连在一起的，改革是建立在实验基础上的，而真正到了教育中开展的实验却很少。很多的改革往往是外来的、上级压下来的、必须执行的东西。教育是为了学生的成长，一个人的成长，需要放到一个具体情景中去探索，即什么是好的教育，是真正支持孩子成长的教育。我们做的就是这样的教育实验，是真正回到学校的情景中共同来做的一个探索，探讨教与学方式的变革，探寻现实中的理想学习方式，让教育适应时代的需要，让孩子得到切实提升，让学校的教育质量不只高、新，并且具有引领性，让史家小学这个品牌越做越响。

教育能够产生实际效果的一定是在实践中的探索，只有参与到教育实验中，才会碰到真正的问题。这些问题怎么去解决，需要融通所有的经验积累和当下的创新，把已有的知识和新的知识结合起来，把对教育价值的思考与教学方法的思考统一起来。这不仅是科研人员深入教育、研究教育，更是教师实现专业发展的一个很重要的路径，使教师们在迎接挑战当中发展自我。

三、共创

教育的一切问题，从教育哲学角度来看谈的都是人。一个品牌在提升的过程中，特别是在今天的环境下，其实就是对于育人的理解在不断地升华，对于教育的认识、人自身的认识等在变化。在变化过程中，关于“教什么、学什么，怎么教、怎么学”的问题，其实也需要不断去思考、去调整、改革、创造。对于史家小学这样一所非常有声誉、有影响力的学校来说，不能停留在原有的基础上，也不能简单地去学别人，只能去创造，其实就是要求学校、教师自我革命和重新出发。从最初的共识、共行，到共同创造教育，创造一个新的课堂，应该说是平凡但很伟大的事情。要有这样的教育精神才能做出微创新，这个微创新的价值是巨大的。

学校一位教了快三十年书的美术老师，经验非常丰富，她与项目组在一遍一遍地打磨一堂 A-S-K 课的过程中，慢慢发生改变，能够用现在的眼光，甚至是未来的眼光来看今天，看过去做了很多年的事情，这样一种变化实际上完成了一个教师的自我革命。史家小学品牌提升就是要建立在史家小学的每一个教师不断的自我革命和重新出发的基础上，这也是史家小学品牌建设的核心。

四、共赢

项目开展两年多以来，学校的领导和北京教科院基教所的项目团队，投入了大量的时间、精力，每周有一两天“沉”在学校，跟一线教师们一起研发、实践。作为研究者，离教育近了，更懂教育了；离教师近了，更懂教师了；离课堂近了，也更懂课堂了，可以说是走近真正的教育。作为一线教师，每周有一两天跟科研人员一起探讨、实验，了解了更多的教育前沿成果，知道了更多的教育规律，掌握了更多的研究方法，上的课也越来越有研究的味道了。

这样一个扎实“沉”到一线做教育的项目，让史家小学和北京教科院团队真正实现了一起创造心目中的教育的理想。

（根据方中雄院长在“史家小学学校品牌提升”项目活动中的讲话整理）

目　录

第一章　A-S-K 史家学科攻关课程

第二章　A-S-K 史家共创课程

附篇

第一章
A-S-K史家学科攻关课程

A-S-K史家学科攻关课程以点面结合的形式，在学科教学中实现学生核心素养的培养。针对学科重难点，明确涉及的知识技能，通过游戏化教学、活动设计等方式，优化教学方法，在突破学科重难点的同时实现核心素养的培养。

第一节　英语模块

英语是我国中小学生必须掌握的一门外语，由于缺乏语言环境，在学校的英语学习难以在日常生活中运用。同时，作为一种综合复杂活动的语言教学，不仅要阐明“语言是什么”的问题，更要分析“语言如何教”的问题。因此，当我们把目光聚焦在英语课堂教学时，经常会看到教师在辛苦地教，学生在疲惫地学。

一、理论基础

A－S－K 学科攻关英语模块课程是为了辅助学校常规英语教学，让英语学习变得更有趣、更有效而开设的课程。它以暗示教学理论为基础，强调全身反应法的运用。

（一）洛扎诺夫的暗示教学理论

保加利亚的心理学家和教育学家乔治·洛扎诺夫的暗示教学理论认为，理智和情感，分析和综合，有意识和无意识，是不可分割的，而暗示是环境和个人之间一个经久不息的交流因素，能产生巨大的“熏陶”作用。所以教学过程要通过暗示建立无意识的心理倾向，创造强烈的学习动机，开发潜力，提高记忆力、想象力和解决问题的能力，以充分发展自我。艺术的形式、色彩、节奏和韵律诉诸无意识的知觉和非特定心理反应而成为最有力的暗示。因此，当学生沉浸于音乐歌曲时，在他们身上会展开大量的生理和心理活动，同时精神状态在形成，自由联想在奔驰，情绪在起伏，创造力在活跃，从而使所学到的知识记忆特别牢固，特别持久。

此外，作为英语国家文化重要组成部分的英语歌曲，既能作为学生学习英语的语言材料，又能生动、形象地传播英语国家的风土人情。因而根据洛扎诺夫的暗示教学理论，在英语学习过程中使用音乐歌曲，可以促进人脑左右半球的共同协作，使学习成为一种愉悦的体验。

（二）阿歇尔的第二语言教学法——全身反应法

美国著名语言学家、心理学家阿歇尔（James Asher），以科学的实验研究，提出了第二语言教学的全身反应法（Total Physical Response，简称TPR），即让学生在真实有效的教学情境中利用肢体动作与行为语言来学习第二语言。它提倡第二语言习得要模仿婴幼儿学习母语，将所有积极性与主观能动性都发挥出来。因此，TPR具有以下几个方面的特点：（1）利用右脑非语言性特点，建立语言和肢体动作间的联系，理解语言代码，使学生迅速理解知识，加强知识内化。（2）先进行语言输入，教师使用目标语，学生先听后做，这也是根据儿童习得母语的过程进行的。（3）教师发布指令大多是以祈使句的形式出现，祈使句教学能让学生快速理解，并在动作记忆过程中加深长时间记忆。（4）相比传统教学法，TPR教学没有精益求精和有错必纠，学生在课堂活动中无须小心翼翼，可以大胆张口甚至尝试创新。

在小学低年级阶段，有效地运用TPR教学法，让学生在动作游戏和表演竞争中进行英语学习，既符合第二语言习得特点，又可以让英语课堂更精彩。

二、课程价值

英语是全球使用最广泛的语言之一，已经成为国际交往和科技、文化交流的重要工具。学习英语有利于学生更好地了解世界，学习先进的科学文化知识，传播中国文化，增进与各国青少年的相互沟通和理解。学习英语能帮助学生形成开放、包容的性格，发展跨文化交流的意识与能力。

英语课程具有工具性和人文性双重性质，既强调发展学生的听、说、读、写技能及与他人交流的能力，又能够开阔学生视野，形成跨文化意识，提高综合人文素养，为学生以后的英语学习及终生发展奠定基础。小学阶段英语课程以培养学生的综合语言运用能力为目标，具体包括语言技能、语言知识、情感态度、学习策略和文化意识五个方面。落实到低年级学生，具体目标是让学生对英语有好奇心，喜欢听英语，能够根据教师的简单指令做动作、做游戏，并进行简单的角色表演，乐于模仿，敢于表达，了解一定的外国文化和习俗。

A－S－K 学科攻关英语模块课程作为配合学校常规英语教学的攻关课程，以情感态度、语言技能、文化意识的培养为主要目标，通过英语歌曲的演唱和表演，让学生学原汁原味的英语。

三、课程定位

英语模块属于 A－S－K 学科攻关课程，是对学生态度（Attitude）、技能（Skill）和知识（Knowledge）的综合训练。以节日和学生学习生活中的关键事件为依据设置活动主题，每月一个主题，通过说一说、听一听、唱一唱、演一演的循环模式，让学生在英语歌曲的学习与表演过程中，体验语言文化，训练学生的语言技能。

四、课程结构

英语学科攻关课程包括 4 个主题，分别是 3 月的“植树大行动”、4 月的“好玩的图书馆”、5 月的“早起的劳动节”、6 月的“欢快的儿童节”。每个主题都必须了解当月节日的由来，学习歌曲中的关键词和动作，最后能演唱歌曲并创编表演短剧。每个主题有 4 次活动（Tell and listen，Listen and sing，Sing and act，Act and play），每周开展 1 次。课程基本结构如下：

活动月名称	活动内容简介
植树大行动	了解植树节的由来；学习歌曲中的关键词和动作：nut tree、bear、silver、nutmeg、pear、for the sake of（坚果树、负担、银色的、肉豆蔻、梨、为了）；会唱歌曲 *I Have a Little Nut Tree*（《我有一棵坚果树》）。
好玩的图书馆	简单了解国际儿童图书日的由来；学习歌曲中关键词和动作：library、have so much fun、take the bus、sing a song、librarian、fairy tales（图书馆、真高兴、乘公交车、唱歌、图书管理员、童话）；会唱歌曲 *Going to the Library*（《去图书馆》）。

续表

活动月名称	活动内容简介
早起的劳动节	了解劳动节；学习歌曲中的关键词和动作：window、up、bed、my、comrade（窗户、起来、床、我的、同志或朋友）；会唱歌曲 *Morning Comes Early*（《早晨来了》）。
欢快的儿童节	了解儿童节的由来；学习歌曲中的关键词和动作：clap、face、stomp、foot、shout、hurray（拍手、脸、跺、脚、呼喊、欢呼）；会唱歌曲 *If You're Happy*（《如果你感到快乐》）。

英语学科攻关课程需配合学校英语课程进行学习，建议安排在英语课引入环节，每次5～10分钟，每个主题4次活动，在一个月内完成。

（左慧）

《植树大行动》教学设计

<table>
<tr><td>课程名称</td><td colspan="5">英语
3 月植树大行动</td></tr>
<tr><td>备课人</td><td>闫晖</td><td>上课时间</td><td>2018. 3</td><td>授课班级</td><td>一（2）</td></tr>
<tr><td>学习目标</td><td colspan="5">知识与技能：
1. 了解植树节的日期是每年 3 月 12 日，背景是纪念孙中山先生。
2. 学习歌曲 I Have a Iittle Nut Tree 中的关键词并配合动作演唱。
3. 表演简单的小对话。
过程与方法：
1. 利用多媒体教学资源，以唱学和动作相结合的方式学习主题歌曲。
2. 结合歌曲中的词句，表演小对话。
情感、态度和价值观：
通过歌曲的学习，学生有兴趣听、说英语并乐于模仿、乐于表达。</td></tr>
<tr><td>重点、难点</td><td colspan="5">1. 学生能够理解，并配合动作演唱歌曲。
2. 学生能够编演简单的对话。</td></tr>
<tr><td>课前准备</td><td colspan="5">PPT 课件、图片、歌曲音频</td></tr>
<tr><td>教学方法</td><td colspan="5">使用 TPR 教学法进行歌曲的教学，配合歌词设计相应的动作，使学生能够在理解的基础上加入动作演唱歌曲。</td></tr>
</table>

<table>
<tr><td colspan="5">教 学 过 程 设 计</td></tr>
<tr><td>教学阶段</td><td>师生活动</td><td>设计意图</td><td>技术应用</td><td>时间规划</td></tr>
<tr><td rowspan="2">Activity 1—Tell and listen（5 分钟）</td><td>1. T：Welcome to the magic class in March. Look, who are they?
S：Nemo and Dory.
T：They are happy today. They want to ...
S：... （guessing）</td><td>激发兴趣，猜测主题。（通过“魔法学堂”的老朋友，小鱼 Nemo 和 Dory 引入，引导学生猜测活动的主题。）</td><td>PPT 课件、图片</td><td>1 分钟</td></tr>
<tr><td>2. T：Look at the pictures.（出示铲子、树苗等图片）They want to plant trees.（教师边说，边做挖坑的动作）Because March 12 is Arbor Day.（出示日历和植树节标志）
S：March 12 is the Arbor Day.（边听边说）</td><td>引入主题，了解背景。（通过一系列动作和图片的辅助，使学生了解植树节的背景和日期。）</td><td>PPT 课件、图片</td><td>2 分钟</td></tr>
</table>

续表

教学过程设计				
教学阶段	师生活动	设计意图	技术应用	时间规划
Activity 1—Tell and listen (5分钟)	T：People in order to commemorate Mr. Sun Yat-sen, set March 12 as the Arbor Day.（出示孙中山图片） 3. T：Look，they are planting a tree. A little nut tree.（播放歌曲） S：Listen and try to sing.	初听歌曲，感受旋律。	歌曲音频	2分钟
Activity 2—Listen and sing (5分钟)	1. T：In last class，we met Nemo and Dory. What are they want to do? S：They want to plant trees. T：Yes，because On March 12？（出示植树节的标志） S：Arbor Day is on March 12. T：And our friends plant a tree. A little nut tree.（出示图片） Let's listen and sing. S：Listen and try to sing the song.	回顾节日，跟唱歌曲。（复习activity 1的内容，试唱歌曲。）	PPT课件、图片	2分钟
	2. (1) Listen，answer and act. T：Let's look at the little nut tree. What's on the tree? S：A nutmeg and a pear.（边说边做植物的形状） T：What color is the nutmeg/pear? S：Silver. / Golden. T：Can you find something is silver or golden in our classroom? S：...（找到教室中含有金色和银色的物品，理解操练） T：Who came to visit me?	加入动作，学唱歌曲。 借助问题，学生理解歌曲含义。借助图片和动作，学生学习词汇。	图片	1分钟

续表

教学过程设计				
教学阶段	师生活动	设计意图	技术应用	时间规划
Activity 2—Listen and sing (5 分钟)	S：The king of Spain's daughter.（做出戴皇冠的动作） （2）Listen and clap. T：Let's listen the song again. And when you hear the words like：nut tree，bear，silver，nutmeg，pear，king，daughter，for the sake of，please clap your hands. S：Listen and clap. （3）Sing and act. T&S：Sing the song together with the actions.	通过听词拍手的方式，让学生进一步熟悉词汇，听准语音。 老师、学生边做动作边演唱歌曲。进一步巩固歌曲的学习。	歌曲音频 歌曲音频	1 分钟 1 分钟
Activity 3—Sing and act (5 分钟)	1. T：Let's sing *I Have a Little Nut Tree* together. S：Sing and act. 2. T：（出示 nut tree 图片）What can you see? S：A little nut tree. T：What's on the tree? S：A nutmeg and a pear. T：What color is the nutmeg/pear? S：It's silver/ golden. T：Let's talk with our friends. （1）4 students in a group. （2）Act as Nemo，Dory，Hank and Marlin. （3）Talk with group members. Example： Dory：What can you see? Nemo：I can see a little nut tree. Hank：What's on the tree? Marlin：A nutmeg and a pear.	演唱歌曲，复习旧知。 创编对话，分组练习。借助学生熟悉的《海底总动员》中的角色进行对话的创编。对话内容既有歌曲中的词汇和句型，又有学生教材中学习的交际用语：What color is ...？It's...（把 A－S－K课程的内容和英语课程的内容进行整合，	歌曲音频 PPT 课件、图片	2 分钟 3 分钟

续表

教学过程设计				
教学阶段	师生活动	设计意图	技术应用	时间规划
Activity 3—Sing and act **（5分钟）**	Dory：What color is the nutmeg? Nemo：It's silver. Hank：What color is the pear? Marlin：It's golden.	也使对话的创编更加完整和丰富。）		
Activity 4—Act and play **（10分钟）**	1.（1）T：Let's sing *I Have a Little Nut Tree* together. S：Sing and act.	复习歌曲，激活旧知。（通过歌曲和问答复习植树节的相关知识和词汇，再由老师和同学扮演不同角色展示对话，为学生小组练习做示范。）	歌曲音频	2分钟
	（2）T：When is the Arbor Day? S：It's on March 12. T：What do you do on the Arbor Day? S：We plant trees. T：Look，here is a little nut tree. Let's talk about it. I want to be Nemo. Who can be Dory? Hank? Marlin? Example：T&S T：Now，let's practice in groups. S：Practice in groups.		PPT课件	3分钟
	2. S&S：Show the dialogue and song in groups.	小组展示，表演对话。	PPT课件	5分钟

（闫晖）

《植树大行动》教学反思

2018 年 3 月，史家小学一年级教师和学生正式开始 A－S－K 英语攻关课程的教学。在第一学期，学生已经完成了幼小衔接方面课程，如培养注意力、适应力与练习自信类课程，本学期开始学科类攻关课程。英语学科攻关课程计划进行 4 个月，每个月以学生熟悉的卡通角色为主要人物，以节日为主线进行歌曲的学习和对话的创编，现以“植树大行动”为主题，进行教学反思。

一、指导思想与理论依据

《义务教育英语课程标准》指出，英语课程具有工具性和人文性双重性质。小学阶段英语课程以培养学生的综合语言运用能力为目标，落实到小学低年级，具体目标是让学生对英语有好奇心，喜欢听英语，能够根据教师的简单指令做动作、做游戏，并进行简单的角色扮演，乐于模仿，敢于表达。

英语攻关课程属于 A－S－K 课程体系中的学科攻关课程，是核心素养中语言素养的重要方面，是对学生态度（Attitude）、技能（Skill）和知识（Knowledge）的综合训练。

结合英语课程标准和学生特点，小学低年级英语学科攻关课程以情感态度、语言技能、文化意识的培养为主要目标，采用学习英语歌曲和简单的角色表演等教学方式，使英语歌曲将英语知识、技能及文化体验融为一体，力求达到愉悦学生身心，提高学生学习英语的兴趣，同时活跃课堂气氛的目的。

二、教学背景分析

一年级的英语学科攻关课程以节日和学生学习生活中的关键事件为依据设置主题活动，以一首英文歌曲作为载体，通过说一说、听一听、唱一唱、演一演的循环模式，让学生在歌曲的学习和表演过程中，体验语言文化，同时训练学生的语言技能。

（一）课程内容分析

分析本月的学习内容，3月的主题节日是植树节，学习的相关歌曲为 *I Have a Little Nut Tree*。关于植树节主题，学生需要知道：第一，节日的日期是每年的3月12日，并能用英语正确表达 Arbor Day is on March 12；第二，了解植树节的相关背景，我国的植树节是为了纪念孙中山先生而设立的；第三，歌曲方面，学生要能够演唱歌曲并理解其含义，要准确认读 nut tree、bear、silver、nutmeg、pear、for the sake of 等词汇和短语，并借助歌曲内容，编演简单的小对话。一年级的学生喜欢唱歌和表演，虽然学生并不熟悉3月的节日主题和歌曲，但通过 TPR 的方式，配合动作演唱歌曲，容易接受并理解歌曲含义。学生在他们熟悉的学习方式（即说、唱、做、表演）中进行学习。

（二）学生分析

一年级的学生，学习兴趣浓厚，善于模仿，乐于参与，他们有着强烈的好奇心和求知欲。我校的学生非常喜欢唱歌和表演。从一年级开学起，他们每周都会学唱一首英文歌曲、认读一本英文绘本，大部分同学能够进行表演。这和 A-S-K 英语攻关课程的学习内容和方式都很切合。就本月的主题来说，虽然学生并不熟悉植树节和相关歌曲，但是通过他们熟悉的学习方式（即说、唱、做、表演）并配合肢体动作，帮助理解掌握相关内容。

基于上述分析，老师制定了以下教学流程：

本节课的设计，以歌曲 *I Have a Little Nut Tree* 为主线，贯穿在4个活动之中（见图1-1）。在活动1中，初听歌曲，感受旋律。在课程开始之前，老师已经做了歌曲的推送，孩子每天都有3~5分钟听歌、哼唱的时间，所以在活动1实施的过程中，学生已经很熟悉歌曲的旋律。在活动2中，为了学习歌曲中的词汇，老师设计了不同的方式，如借助图片回答问题、听词拍手、边做边唱等，让孩子在游戏中学习。在活动3和活动4中，学生使用歌曲中的词汇进行对话的创编，这个过程，就是学生学习语言、体验语言、运用语言的过程。

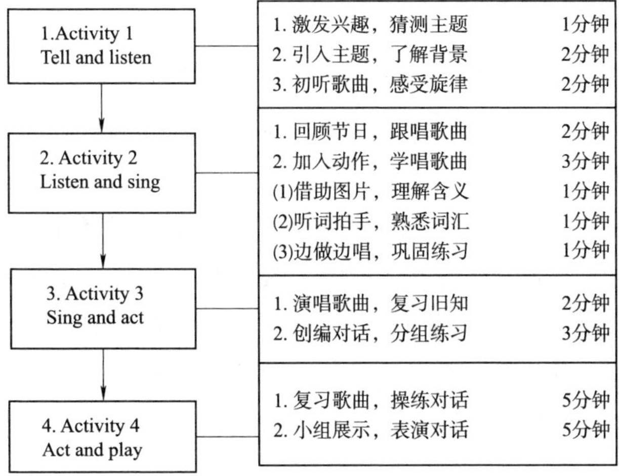

图 1－1　英语攻关课程教学流程

三、教学反思

教师在一个月的时间内让6个班级同时进行 A－S－K 英语学科攻关课程植树节主题的学习。大部分学生学习兴趣浓厚，对所学的节日能够用英文表达；了解相关的背景知识；能够熟练演唱歌曲 *I Have a Little Nut Tree*，并能在小组中编演对话。同时，在以下三方面，教师进行了更加深入的思考。

（一）背景知识的学习

植树节的背景知识包括植树节的日期和日期设立的依据。在试讲时，教师出示植树的图片，并展示植树节的标志，学生能够较快理解，并学习日期、节日名称“March 12 is the Arbor Day”的表达。节日日期是为了纪念孙中山先生，以他逝世的日子而设立的。在这一点上，大多数同学很难理解。首先，学生不太熟悉孙中山先生；其次，用英语词汇表达逝世、纪念等，对一年级的学生来讲难度很大。针对上述问题，教师在后面的授课中进行了反思，把讲解定位在纪念孙中山先生。在授课时，先出示孙中山先生的图片，让知道的学生用中文进行介绍或描述，使大部分同学能够有一个基础性的理解，从而对节日的整体背景有初步的感知。

（二）词汇教学

本月的歌曲是 *I Have a Little Nut Tree* 。歌不长，其曲调与《我有一只小毛驴》的曲调相同，对于学生来讲很容易上口。但是歌词中的一些词汇发音还是要注意纠正，例如 nut tree、bear、silver、golden、nutmeg、Spain、daughter、visit 等。在歌曲教学中，教师还是采用了一些与平时课堂教学不太一样的方法：（1）提前推送歌曲。学生在课前已每天听 3~5 分钟歌曲，大部分学生已经能够跟着音乐哼唱。（2）采用词图匹配、一词多图、听词拍手等多种认读和游戏的形式帮助孩子学习词汇。（3）唱歌的同时配以动作，用动作来解释歌曲内容，也符合一年级学生活泼好动的特点，增强了演唱的趣味性。

（三）对话创编与展示

在最初的设计中，小剧的创编主要是以歌曲内容为基础，5 人一组进行对话（图 1-2）。但是，由于一年级学生合作的意识和能力不强，英语表达也处于基础阶段，教师在实际教学中进行了调整：（1）把 group work 变成 pair work 进行对话；（2）对话的创编融入英语课内所学习的主要句型（如：What color is it? It's ... ）；（3）句式整体变为简单句。基于上述变化，学生在练习和展示环节从理解到运用都更加顺利。

课前设计：	反思调整：
A：Look! What's on the tree? B：There are nuts on the tree. C：Yes, because it's a little nut tree. D：No, there is no nut on the little nut tree. E：Yes. There is only a silver nutmeg and a golden pear.	A：Look! There is a tree. B：Oh, a little nut tree. A：What's on the tree? B：A nutmeg and a pear. A：What color is the nutmeg/pear? B：It's golden/silver.

图 1-2 对话创编

四、改进措施

由于 A-S-K 英语学科攻关课程刚开始实施，从对课程整体的理解到具体的课时安排，再到每一个教学环节的设计，教师都需要不断地思考和调整。通过一个月的教学，教师认识到在以下几个方面要有所改善，从而使教学效果不断提升。

（一）把握课程的整体定位

刚接触 A－S－K 课程的时候，感到和日常的英语教学差别还是很大的。作为必修课，每节英语课都要制订比较明确的学习目标，如学生要能够认读理解多少个单词、几句交际用语、几个字母等。但是 A－S－K 英语学科攻关课程的教学目标的制订要能体现出持续性，要循序渐进，允许学生在一个月的时间内逐步掌握学习内容，逐步熟练地演唱歌曲、练习对话，等等。这就要求教师在教学过程中，将保证学生的学习兴趣放在第一位，同时运用好歌曲这个载体，让学生在说、唱、做和表演中，进行无意学习，逐渐形成对英语的感知能力和良好的学习习惯。

（二）结合教学时间调整教学内容

由于 A－S－K 英语学科攻关课程计划中每个教学环节的时间只有 5～10 分钟，所以教师要根据学生的需求和能力准确把握教学的内容。例如，在 3 月背景知识的选择上，有许多背景资料可供教师进行选择教授。在第一次试讲中，教师介绍涉及时间、人物、历史、国际现状等多方面，学生很难理解、接受全部的教学内容。在后面的调整中，教师把教学内容聚焦到植树节的表达、日期和纪念孙中山先生三个点上，这样的取舍既符合了时间的要求，又能使学生真正了解主题、学习知识。

（三）有效整合 A－S－K 与英语教材内容

A－S－K 英语学科攻关课程每个月都有一个相对独立的主题，但都是在英语教学环境下完成的。如果能够使它与英语教材内容有效地整合，将起到事半功倍的作用。在 3 月的尝试中，教师将教材中的功能句型“What color is it?”“It's ...”与歌曲 *I Have a Little Nut Tree* 中的颜色 golden、silver 整合进行问答，并创编到小对话中，取得了不错的效果。在后面几个月的教学中，教师将结合学习内容，力争把 A－S－K 英语学科攻关课程与英语课程相整合，作为该节课导入或拓展环节，让学生能够自然地把学习的知识融合到一起，并乐于表达。

（闫晖）

专家点评

3月12日是植树节，因此3月的英语课以“植树大行动”为主题，通过说一说、听一听、唱一唱、演一演的循环模式，让学生在歌曲*I Have a Little Nut Tree*的学习与表演过程中，掌握歌曲中的关键词及相应的动作表达，了解植树节的由来及相关背景知识，体验原汁原味的英语。

授课教师以猜主题的方式导入，在3月第1周5分钟的“Tell and listen”活动中，让学生了解植树节的背景和日期，由于在课程开始之前，教师已提前几天推送歌曲，因此学生已十分熟悉歌曲旋律；在第2周5分钟的“Listen and sing”活动中，教师带领学生借助图片、动作理解歌曲并学唱；在第3周5分钟的“Sing and act”活动中，教师指导学生将歌曲中的句型、词汇与英语教材中的交际用语相结合，创编对话分组练习；在第4周10分钟的“Act and play”活动中，学生以同桌合作的方式，角色扮演表演对话。

学生在喜爱的唱歌和表演方式中进行无意学习，他们兴趣深厚、乐于参与，循序渐进地形成对英语的感知能力。授课中教师已有运用TPR教学法的意识，但在实践中还可以落实得更充分一些，此外教师通过词图匹配、一词多图、听词拍手等多种认读和游戏的形式帮助学生理解关键词汇，收效很好。

（左慧）

《好玩的图书馆》教学设计 1

<table>
<tr><td>课程名称</td><td colspan="5">英语
4 月好玩的图书馆</td></tr>
<tr><td>备课人</td><td>乌兰</td><td>上课时间</td><td>2018.4</td><td>授课班级</td><td>一（9）</td></tr>
<tr><td>学习目标</td><td colspan="5">知识与技能：
1. 了解国际儿童图书日的日期是 4 月 2 日，背景：4 月 2 日是丹麦童话大师安徒生的诞辰。
2. 掌握歌曲 Going to the Library 中的关键词并配合动作演唱。
3. 表演简单的小对话。
过程与方法：
1. 利用多媒体教学资源，以唱学和动作相结合的方式学习主题歌曲。
2. 结合歌曲中的重点词句，表演小对话。
情感、态度与价值观：
通过主题歌曲和节日背景的学习，唤起学生对读书的热爱并培养学生每天读书的意识。</td></tr>
<tr><td>重点、难点</td><td colspan="5">1. 学生能理解并配合动作演唱歌曲。
2. 学生能正确理解国际儿童图书日的由来。
3. 学生能认读并理解词汇 library、have so much fun、take the bus、sing a song、librarian、fairy tales。</td></tr>
<tr><td>课前准备</td><td colspan="5">PPT 课件、单词图卡、歌曲音频、歌曲视频</td></tr>
<tr><td>教学方法</td><td colspan="5">TPR 教学法、游戏教学法等</td></tr>
</table>

教学过程设计

教学阶段	师生活动	设计意图	技术应用	时间规划
Activity 1—Tell and listen（5 分钟）	Step 1：Warming up 1. Greet to each others. 2. Free talk. Who is in the magic class? Guess! Where will they go in April? Step 2：Background learning 出示主题图 1——A new library 1. T：They are going to the library. S：Because they have a new library.	激发兴趣，猜测主题。（通过“魔法学堂”的老朋友，将小鱼 Nemo 和 Dory 引入，引导学生猜测活动的主题。）	PPT 课件、图片	1 分钟

续表

教学过程设计				
教学阶段	师生活动	设计意图	技术应用	时间规划
Activity 1—Tell and listen (5 分钟)	Do you have a library at your school? 2. 学习单词 library。(PPT、图片展示) 3. 谈论在图书馆做什么、读什么书。 What do you do in the library? S: Read books... What types of books do you like to read? S:... 4. 教师展示自己喜欢的童话书，学习单词 fairy tale。 T: Look! They are my favorate. (PPT 展示图片 *The Emperor's New Clothes*, *The Little Match Girl*, *The Ugly Duckling*, *The Little Mermaid*) They called fairy tale. (Yes, no game to practice the word.) 5. 学习单词 Andersen。 出示主题图 2 ——观察主题图学习新知 (1) 出示主题图 Andersen、birthday cake. T: Look! Who is he? S: Andersen. T: He is a famous writer in the world. His birthday is on April the second. T: It's called International Children's Book Day.	引入主题，了解读书日背景。(通过 PPT 图片的辅助，使学生了解读书日的背景和日期。)	PPT 课件、图片	2 分钟
	(2) 学习 International Children's Book Day. (TPR to practice the word.) (3) When is the International Children's Book Day? S:...	初听歌曲，感受旋律。教师边做动作边唱，帮助学生理解歌词意思。	歌曲音频	1 分钟

续表

教学过程设计				
教学阶段	师生活动	设计意图	技术应用	时间规划
Activity 1—Tell and listen （5 分钟）	Step 3：Listen to the song *Going to the Library* 1. Now let's go to the library. 2. Listen and do the action about this song.			
	Step 4：Ending T：Good boys and girls. We are going to learn this song next class. （Review the background.） T：When is the International Children's book day? T：Who is the famous writer? T：What do we do in International Children's Book Day? T：Excellent boys and girls! That's all for today. Byebye.	回顾知识，梳理背景。	PPT 课件、图片	1 分钟
Activity 2—Listen and sing （5 分钟）	Step 1：Review T：Who is he? S：安徒生（出示 PPT 课件、图片）。 T：When is his birthday?（出示 PPT 课件、图片） S：It's on April 2. T：What holiday is on April 2?（出示读书日标志） S：It's International Children's Book Day . T：What do we do on that day? S：Read books.	回顾节日背景。	PPT 课件、图片	1 分钟
	Step 2：听歌曲找词语 1. 教师引导学生回顾歌曲。 T：Do you remember what's in the song? S：Library is much fun ... 2. 教师出示重点词汇，学生跟读。	通过听歌拍手的游戏方式，让学生进一步掌握重点词汇。	图片、歌曲音频	2 分钟

续表

教学过程设计				
教学阶段	师生活动	设计意图	技术应用	时间规划
Activity 2—Listen and sing （5分钟）	T：We can hear library，have so much fun，take the bus，sing a song，librarian，fairy tales.（PPT展示词汇图片，帮助学生理解词义） 3. 听歌曲拍手。 T：Let's listen to the song . And when you hear the words like：library，have so much fun，take the bus，sing a song，librarian，fairy tales ，please clap your hands. S：Listen and clap. 通过听词拍手的方式，让学生进一步熟悉词汇，听准语音。			
	Step 3：唱演歌曲 T&S：Sing the song together with the actions. 教师、学生边做动作边演唱歌曲。	教师、学生边做动作边演唱歌曲。进一步巩固歌曲的学习。	歌曲音频	2分钟
Activity 3—Sing and act （5分钟）	Step 1： T：Let's sing *Going to the Library* together. S：Sing and act.	演唱歌曲，复习旧知。	歌曲音频	1分钟
	Step 2： 1. T：Dory，Nemo，Hank，Marlin are talking about library. Let's see，what do they say?（出示对话图片） Marlin：Let's go to the library. Nemo：OK. Let's go. Marlin：What do you do in the library? Dory：I read stories.	联系旧知创编对话。借助学生熟悉的“魔法学堂”的主人公们进行对话的创编，容易引起学生的学习兴趣，提高学生参与热情。对话内容既有歌曲中的词汇和句型，又有学生教材中	PPT课件、图片	2分钟

续表

教学过程设计				
教学阶段	师生活动	设计意图	技术应用	时间规划
Activity 3—Sing and act （5 分钟）	Nemo：I read fairy tales. Hank：I read books about animals. All：We have so much fun. 2. T：OK. Let's role play in our class. Group A is Marlin，Group B is Nemo，Group C is Dory，Group D is Hank. Let's have a try. ...	学习的交际用语：What do you do ...？I... 把 A－S－K 课程的内容和英语课本的内容进行整合，也使对话的创编更加完整和丰富。		
	Step 3：小组练习 T：Let's talk with our friends. （1） 4 students in a group. （2） Act as Nemo，Dory，Hank and Marlin. （3） Talk with group members.	小组练习。	PPT 课件、图片	2 分钟
Activity 4—Act and play （10 分钟）	Step 1： 1. T：Good morning boys and girls，we have magic classs. T：Look at the calendar. What day is it？ S：It's the April 2nd. T&S：It's called International Children's Book Day. T：What do we do on the day. S：Read books/Read fairy tales ...	回顾节日背景，练习对话。	PPT 课件	2 分钟
	2. T：Let's review the dialogue. Practice and then act out. T：Let's talk about the library. I want to be Marlin. Who can be Dory？Hank？Nemo？ Example：T&S Marlin：Let's go the the library. Nemo：OK. Let's go.	通过歌曲和问答复习国际儿童读书日的相关知识和词汇，再由教师和同学扮演不同角色展示对话，为学生小组练习做示范。	PPT 课件	3 分钟

续表

教学过程设计				
教学阶段	师生活动	设计意图	技术应用	时间规划
Activity 4—Act and play（10分钟）	Marlin：What do you do in the library? Dory：I read stories. Nemo：I read fairy tales. Hank：I read books about animals. All：We have so much fun. 3. T：Now，let's practice in groups. S：Practice in groups.			
	Step 2： S&S：Show the dialogue and sing a song in groups.	小组展示、表演对话、演唱歌曲。	PPT课件	5分钟

（乌兰）

《好玩的图书馆》教学反思 1

现以 4 月“好玩的图书馆”为主题，进行教学反思。

一、指导思想与理论依据

《义务教育英语课程标准》指出，英语学习要面向全体学生，注重素质教育。课程特别强调要关注每位学生的情感，激发他们学习英语的兴趣，帮助他们建立学习的成就感和自信心，使他们在学习过程中发展综合语言运用能力，提高人文素养，增强实践能力，培养创新精神。

英语学科攻关课程属于 A－S－K 课程体系中的学科攻关课程，是核心素养中语言素养的重要方面，是对学生态度（Attitude）、技能（Skill）和知识（Knowledge）的综合训练。小学低年级英语学科攻关课程以情感态度、语言技能、文化意识的培养为主要目标，选取英语歌曲及简单的角色表演的教学方式。A－S－K 英语学科攻关课程在英语教学中恰当运用英语歌曲不仅能活跃课堂气氛，还能激发学生的学习热情和浓厚的学习兴趣，拓展学生学习英语的能力。通过说一说、听一听、唱一唱、演一演的模式，让学生在歌曲的学习和表演过程中，体验语言文化，训练学生的语言技能。

综合课程标准及 A－S－K 课程核心理念，对于小学生而言，学习小学低年级英语最重要的就是要激发和培养他们的学习兴趣，调动他们学习英语的积极性。趣味教学模式的构建则显得很有必要，教师通过各种途径和方法激发学生的学习兴趣，让学生能够在一种轻松愉快的环境下学习英语。

二、教学背景分析

在理解课程理念的基础上，下面将结合课程内容和学生情况对教学背景展开分析。

（一）课程内容分析

4 月的主题节日是国际儿童图书日，学习的相关歌曲是 *Going to*

the Library。关于国际儿童图书日的主题，学生需要掌握三方面内容：第一，节日的日期是每年的4月2日，并能用英语正确表达“The International Children's Book Day is on April 2.”。第二，了解国际儿童图书日的背景：4月2日是丹麦童话大师安徒生的诞辰，把这一天定为“国际儿童图书日”，以唤起人们对读书的热爱和对儿童图书的关注。第三，学生能够唱演并理解歌曲含义，并准确认读library、have so much fun、take the bus、sing a song、librarian、fairy tales等词汇和短语，并借助歌曲内容，创编简单对话和进行表演。

（二）学生分析

一年级学生活泼好动，喜欢唱歌和表演。经过3月的A－S－K课程的学习，学生们基本了解了课程模式。老师提前推送了主题歌曲，学生们在家已经听、跟唱过多次。在课堂上教师通过TPR教学法边唱边表演歌曲，帮助学生学习和理解歌曲含义。学生们在听、跟唱、表演、对话中进行学习。

基于上述分析，老师制订了以下的教学流程：本节课的设计，以歌曲*Going to the Library*为主线，贯穿在4个活动之中（见图1－3）。活动1，听歌曲，了解背景。在开课前一周，老师已经做了歌曲的推

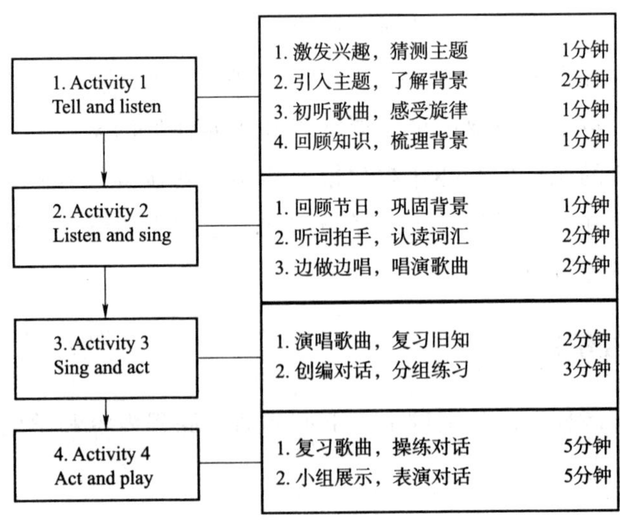

图1－3 活动流程

送，学生每天都有 3～5 分钟听歌、哼唱的时间，所以在活动 1 实施的过程中，学生已经很熟悉歌曲的旋律。在活动 2 中，为了降低学习歌曲的难度，教师将歌曲中的重点词汇或短语进行提炼，作为重点讲解。教师设计了丰富多样的小活动，如听词拍手、我说你指、我做你说的小游戏，让学生在轻松快乐的学习氛围下学习语言、体验语言，同时提高了学生学习英语的积极性。

三、教学反思

教师在所教授的 6 个教学班中同时进行 A－S－K 课程内容，经过 3 月的学习，学生基本掌握了此课程的课堂模式，学生喜欢在这样浸润式、体验式的学习模式中学习语言。学生的英语学习积极性也大大提高，对所学的节日能够用英文表达，并在教师的引导下了解相关节日背景；能够熟练演唱主题歌曲，并能结合歌曲内容进行小组英语剧创编和表演。同时教师在以下三方面进行了更深入的思考。

（一）背景知识的学习

4 月的节日背景是国际儿童图书日，4 月 2 日是丹麦童话大师安徒生的诞辰，把这一天定为“国际儿童图书日”，以唤起人们对于读书的热爱和对儿童图书的关注。背景中还介绍了国际儿童读物联盟的国家及其在庆祝节日时所举办的活动。大量的英文句子呈现在课件中，不仅不利于一年级学生学习英语，而且还会降低学生学习的积极性。因此，教师删除英文背景介绍，提炼主要背景信息，选取适当图片，结合 TPR 教学法向学生们介绍节日背景。

如图 1－4 所示，教师先出示了一些图画书籍的封面，后带着学生读了读童话书的英文名字，并教授短信 fairy tale；紧接着教师伸出右手做写字的动作，并问学生是谁写的这些童话书，学生先是猜测教师的肢体动作，随后过渡到问题上了，回答出安徒生。出示第二张 PPT，引出安徒生的生日是4 月 2 日，这一天被定为国际儿童图书日，大家以读书的方式庆祝节日。通过图片与 TPR 相结合的方法，学生能够很轻松地了解国际儿童图书日的节日背景。

fairy tale

(a)

Andersen
安徒生

International
Children's Book Day

(b)

图 1-4　节日背景图

（二）词汇、短语的学习

4 月的主题歌曲是 *Going to the Library*，曲调明朗轻快。为了更好地演唱歌曲，教师在歌曲中提取一些词汇和短语进行学习，降低歌曲的学习难度。例如，歌词中的 library、have so much fun、take the bus、sing a song、librarian、fairy tales 等。在这部分教学内容中，教师设计了丰富多样的小活动帮助学生学习词汇和短语：（1）提前推送歌曲，有计划地播放跟唱，熟悉旋律；（2）采用听词拍手、我说你指、我指你说的小游戏进行认读学习，TPR 教学法的结合帮助学生记忆词汇和短语；（3）演唱歌曲时结合全身动作，帮助学生理解记忆歌曲内容，在增加学生的表演欲望的同时也提高了学生学习英语的积极性。

（三）对话创编与表演

对话表演是学生们最喜欢的活动之一，他们有很强的模仿能力，并有强烈的表演欲望。在最初的设计中，以 5 人为一组根据歌曲内容进行对话创编和练习。但是一年级学生从 pair work 过渡到 group work 还是有一定难度的，在进行对话练习时经常出现角色混乱，不知道下一句该谁说的现象，因此教师根据实际情况进行调整：（1）结合 A－S－K 的情景，采用多莉和好朋友 Nemo 为人物角色进行对话创编。（2）对话创编融入英语课内所学的主要句型（如：What do you do ... ? I ...）。（3）对话句式变为简单句。基于上述调整，学生在练习和表演的过程中从理解语言到运用语言更加顺利流畅。

四、改进措施

A－S－K 英语学科攻关课程在 2018 年 3 月在本校一年级开始实施，教师对课程内容、教学设计和教学理念感到陌生、困惑。通过与项目组教师说课磨课，又历经了 3 月 4 次示范课的展示，教师对 A－S－K 课程教学模式有了初步的认识，无论是在节日背景介绍环节、学习词汇、短语环节，还是在演唱歌曲、表演英文剧环节等，都创建了有效的教学模式。通过这两个月的教学，教师在以下几个方面要有所改善，才能更好地推进 A－S－K 课程建设。

（一）课堂模式的构建

A－S－K 课程与校本课程有一定的区别，校本课程每节课有具体的教学目标、重难点，教师根据教学目标设计教学活动，学习重点、知识突破、难点知识。具体到每节课的句型、词汇乃至字母，都有明确要求。但是 A－S－K 课程教学目标的制订体现了整体性和循序渐进，课程以节日为依据设置活动主题，每月一个主题，通过说一说、听一听、唱一唱、演一演的循环模式，让学生在英语歌曲的学习与表演过程中，体验语言文化，训练学生的语言技能。在新的课程理念和模式里，教师根据 A－S－K 课程的教学经验，提炼精华，再内化为可操控的流程。在每个月第一课时“Tell and listen”环节，教师提炼背景知识，结合图片和TPR教学法帮助学生在全英文授课环境下能懂、能理解、能与教师互动。第二课时“Listen and sing”环节，教师提前推送歌曲，引导学生每天听3～5分钟歌曲，熟悉歌曲旋律和节奏。提取歌曲中的重点词汇、短语，以做游戏的方式进行学习。如听词拍手、我说你指、我做你说等。第三课时“Sing and act”环节，教师结合全身动作教授歌曲并带领学生演唱歌曲。结合歌曲创编英语剧，学生分组排练进行角色扮演。第四课时“Act and play”环节，回顾背景、演唱歌曲、英语剧示范及小组表演。经过4次示范课的磨合，创造了史家A－S－K课程的有效模式。

（二）梯度教学

A－S－K课程的内容和教学模式对学生而言是陌生的，每个环节的教学时间只有5～10分钟，所以教师在设计课程活动和教学实践中，如果能树立教学活动的梯度意识，就可以使A－S－K课程的每个教学环节循序渐进、自然流畅、环环相扣，真正地激起学生的学习热情，提高课堂效率。例如，在4月“好玩的图书馆”主题中，教师在第一课时的背景讲解上，先向学生展示了他们最熟悉的校园图书馆，紧接着询问在图书馆能看到什么？从而引出童话故事书，然后带着学生去寻找童话故事书的作者安徒生，告诉学生安徒生的生日是4月2日，这一天被定为国际儿童图书日。最后把所有重点放在节日上，让学生说一说在这一天我们用什么样的方式庆祝，那就是走进图书馆读书。这个背景知识的搭建由易到难、由浅入深，引导学生一步步探寻，在知识的梯度上也给予了不同层次的学生回答问题的机会和空间。这样的教学设计不仅促使教师在教学上创造性地使用教材，而且吸引了不同层次学生的参与热情，也提高了教学效率。

（三）A－S－K课程模式与校本教材有效结合

A－S－K课程给学生的英语学习开辟了一条新路，告诉学生英语学习是一个持续的、循序渐进的过程。允许学生在一个月的时间里逐步掌握学习内容，逐步熟练地演唱歌曲、表演英语剧等。学生能够在这个过程中体验语言，学习语言。这种课程模式结合校本教材的学习将会收到意想不到的效果。首先，将 A - S - K 课程内容与校本教材进行整合，如 4 月“好玩的图书馆”主题里，教师将教材中的功能句型“What do you do ... ? ”“I ... ”与歌曲中的“I read some books about animals. /I read fairy tales. ”进行整合交际问答，并在英语剧的创编中重点运用了该句型，学生能够轻松流畅地进行交流。其次，尝试将 A - S - K 学习模式与校本教材学习模式相结合，引导学生根据自己的学习能力和水平持续地完成教材的学习，在循序渐进的学习过程中体验语言，运用语言。最后，争取将 A - S - K 课程的演唱、英语剧等与英语月考相结合，丰富学生的展示资源。在后续的教学中，逐渐完成 A - S - K 课程与校本教材的整合，力争创造更高效的学习模式和教学模式。

（乌兰）

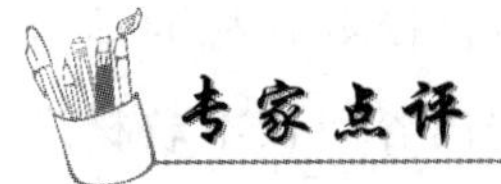

专家点评

4月2日是国际儿童图书日，因此4月的英语课以“好玩的图书馆”为主题，通过说一说、听一听、唱一唱、演一演的循环模式，让学生在歌曲 *Going to the Library* 的学习与表演过程中，掌握歌曲中的关键词及相应的动作表达，了解国际儿童图书日的由来及相关背景文化，体验原汁原味的英语。

授课教师由猜一猜的热身活动引入主题，在4月第1周5分钟的“Tell and listen”活动中，让学生了解读书日的日期和背景，初听歌曲感受旋律；在第2周5分钟的“Listen and sing”活动中，教师带领学生搭配动作跟唱歌曲；在第3周5分钟的“Sing and act”活动中，教师指导学生将歌曲内容与英语课本中的功能句型相结合，创编对话分组练习；在第4周10分钟的“Act and play”活动中，学生以小组合作的方式表演英语短剧。

通过一个月4次的学习，学生在循序渐进的说、唱、做、演活动中，做到浸润式、有梯度地学习英语。授课中教师很好地采用了TPR教学法，并设计了很多小游戏（如听词拍手、我说你指、我做你说），让学生在轻松乐学的状态中攻克歌曲的难点。

（左慧）

《好玩的图书馆》教学设计 2

<table>
<tr><td>课程名称</td><td colspan="5">英语
4 月好玩的图书馆</td></tr>
<tr><td>备课人</td><td>徐莹</td><td>上课时间</td><td>2019. 4</td><td>授课班级</td><td>一（1）</td></tr>
<tr><td>学习目标</td><td colspan="5">知识与技能：
1. 了解国际儿童图书日是每年 4 月 2 日。
2. 学习歌曲 Going to the Library 中的关键词，并配合动作进行说唱表演。
3. 表演简单的图书馆场景小对话。
过程与方法：
1. 利用多媒体教学资源，以说唱与动作相结合的方式学习主题歌曲。
2. 结合歌曲中的词句，表演小对话。
情感、态度和价值观：
1. 学生通过歌曲的学习，能够有兴趣地听、说、唱、演，并乐于模仿，敢于表达。
2. 通过学习，学生了解图书馆的基本规章制度，能够更好地融入社会活动。</td></tr>
<tr><td>课前准备</td><td colspan="5">PPT 课件、单词图片、歌曲音频、磁贴、sticker</td></tr>
<tr><td>教学方法</td><td colspan="5">本节课的设计始终以学生为主体，以习得新词、说唱歌曲、对话表演的形式进行学习。
本节课的活动设计以一年级学生英语学习能力的培养为宗旨积极开展。根据学生的年龄特点和认知水平，教师在本节课中主要采用了情景教学、活动体验和互助合作的教学方式。</td></tr>
</table>

<table>
<tr><td colspan="5">教学过程设计</td></tr>
<tr><td>教学阶段</td><td>师生活动</td><td>设计意图</td><td>技术应用</td><td>时间规划</td></tr>
<tr><td>Activity 1—Tell and listen（5 分钟）</td><td>T：Hello，boys and girls! Welcome to our magic class in April. Look! Our friends are coming. Who are they?
Ss：Nemo and Dory.
T：They will go to a new place today. Where is it? Can you guess?
Ss：Try to say it out.</td><td>Nemo 和 Dory 这两个角色是 A－S－K 课程中陪伴学生学习的小伙伴。学生一看到它们就兴高采烈地燃起了学习的欲望。</td><td>图片

PPT 课件</td><td>1 分钟

4 分钟</td></tr>
</table>

续表

教学过程设计				
教学阶段	师生活动	设计意图	技术应用	时间规划
Activity 1—Tell and listen (5分钟)	T: I will show you the photo about the new place. Look! Ss: It's a library. T: Yes. Let's follow Nemo and Dory and listen to the music. Ss: Listen and try to chant Going to The Library.	Nemo和Dory要带着大家去新的图书馆，为本课的学习内容创设了真实的语言运用情境。让学生在课程一开始就能带着兴奋和愉悦的心情有目的地进入学习状态，从而引导学生积极主动地投入学习活动。		
Activity 2—Listen and sing (7分钟)	T: Boys and girls, let's look around the library. It's a new library. Ss: A new library. T: Yes. We can read books here. Do you like here? Ss: Yes! T: I know Hans Christian Andersen's Fairytales is very famous. Do you know the writer? Ss: It's Andersen. T: That's right. And April 2 is the International Children's Book Day. Teacher Shows the photos of these words and phrases: a new library, read books, fairy tale, Andersen and International Children's Book Day. T: What fairy tales have you read? Ss: The Emperor's New Clothes, Mermaid, The Ugly Duckling and The Little Match Girl.	在新词教学过程中，教师有意识地帮助学生形成适合自己的学习策略，使其具有不断调整自己的学习策略的能力。 学生在学新单词时，教师通过让学生自己观察图片，与已有知识进行联系，图文并茂的图片能激发一年级学生主动观察图片，提取信息的欲望。学生能够将自己耳熟能详的童话故事尽量用英文表达出来。教师通过借助PPT动态地呈现单词，简单明了地将单词构成展现出来，	图片、PPT课件 PPT课件	3分钟 4分钟

续表

教学过程设计				
教学阶段	师生活动	设计意图	技术应用	时间规划
Activity 2—Listen and sing（7 分钟）	T：Great！You know a lot about the books and stories. Let's enjoy the song again. Let's go to the library. Ss：Sing it together.	引导学生在学习单词时触类旁通。在英语课程实施中，帮助学生有效地使用学习策略，不仅有利于他们把握学习的方向，而且有助于他们形成自主学习的能力，为终身学习奠定基础。		
Activity 3—Sing and act（6 分钟）	Step1. Let's listen. T：I will show you a video about going to the library. What can we do in the library? Ss：Try to follow and sing. Step2. Let's sing. T：Comeon everybody！Let's go to the library！Let's sing this song. S：Sing together. Step3. Detail questions. T：What should we do in the library? S：Get to be quiet，so people can read. T：What can we do in the library? S：Get a book. T：Let's listen again and try to act it out. Ss：Sing and act. S1：Hi，Mary. Let's go to the library. S2：OK. Let's go. S1&S2：Let's go to the library...（walk and sing）	《义务教育英语课程标准》指出，英语课程要力求合理利用和积极开发课程资源，给学生提供贴近学生实际、贴近生活、贴近时代的内容健康和丰富的课程资源；要积极利用音像、电视、书刊、网络信息等丰富的教学资源，拓展学习和运用英语的渠道。 此环节原汁原味的英文歌曲，积极调动起学生学习的好奇心，由一段视频来让学生直观地了解 *Going to the Library* 的真实情景，由此引发学生的想象，让他们自己总结去图书馆应该怎样去做？应该	歌曲视频 PPT 课件	3 分钟 3 分钟

续表

教学过程设计				
教学阶段	师生活动	设计意图	技术应用	时间规划
Activity 3—Sing and act（6 分钟）	S1：Be quiet.（He gestured as he spoke） S2：Yes.（nod）	避免哪些行为？学生通过说唱表演，进行体验，寓教于乐。		
Activity 4—Act and play（9 分钟）	T：Everybody stand up please. Let's sing the song together. You can also do some action. Ss：Sing and act. T：Now，please prepare in groups. Ss：Work by groups. T：Which group wants to come to the front and show the dialogue? Ss：Show together.	一年级的学生乐于开口说英语，学生愿意展现出自己独到的、与众不同的表达方式。在"Act and play"环节里，教师特意针对一年级学生这一特点设计让学生进行表演。学生除了从歌曲的视频中模仿去图书馆的情景外，还可以根据自己的实际生活经验进行补充。 教师在授课的过程中并不是一味地控制课堂，而是给各个层次的学生搭设一个展示自己的平台，鼓励他们大胆思索，大胆开口说英语。	歌曲视频 PPT 课件 PPT 课件	2 分钟 3 分钟 4 分钟

（徐莹）

《好玩的图书馆》教学反思 2

2018 年 3 月，一年级英语组的所有教师积极加入了 A－S－K 项目组，开始了为期一个学期的英语攻关课程的教学设计与实施。作为第一次参与此项教学研究与课堂实施的教师，我对这个项目充满了好奇，希望在这个过程中能给学生留下不一样的英语课堂感受。通过同组教师引领示范、专家指导、再次修改教学设计等一系列活动，我为后续教授英语攻关课程积累了一定的经验，也对今后的教学充满了信心。

一、指导思想与理论依据

《义务教育英语课程标准》指出，基础教育阶段任务之一是“激发和培养学生学习英语的兴趣，使学生树立自信心，养成良好的学习习惯和形成有效的学习策略，发展自主学习的能力和合作精神”。

英语攻关课程属于 A－S－K 课程体系中的学科攻关课程，是核心素养在课堂教学中完美体现的最好途径。A－S－K 三个字母分别代表了学生态度（Attitude）、技能（Skill）和知识（Knowledge），这一理念完美契合了《义务教育英语课程标准》的宏观要求。

基于以上两种理论的结合，小学生英语教学首先要以激发学生学习兴趣为前提，并努力为学生创设轻松愉悦的学习环境，同时通过真实的语境维系并激发学生的学习兴趣，最终达到培养学生英语运用能力的目的。基于这样的理论支持，本节课我从激发学生的学习兴趣入手，创设学生与小伙伴尼莫和多莉一起畅游图书馆的情境，以谈论童话故事为线索，通过符合学生心理特点的多样化活动展开教学。

二、教学背景分析

英语教学要以激发学生学习兴趣为前提，努力为学生创设轻松愉悦的学习环境，同时通过真实的语境维系并激发学生的学习兴趣，最终达到培养学生英语运用能力的目的。基于这样的理论支持，本节课我从激发学生的学习兴趣入手，创设与尼莫和多莉一起去图书馆的场景，并以此为线索，通过创设符合学生心理特点的多样化活动展开教学。

（一）课程内容分析

本节课的教学围绕两个小伙伴来到图书馆展开。本节课设计了说唱歌曲、单词学习、看图说句子等活动，同时在各个环节中创设问题以激发和发散学生思维，充分给予学生畅所欲言的机会，让学生在学习英语时真正说起来，课堂真正动起来。

（二）学生分析

在小学生学习英语的过程中，兴趣是至关重要的，它是最好的老师。一年级的英语教学更应如此。课堂教学中，只有学生乐于参与、主动参与，学生的思维才会处于活跃状态，吸收知识才会迅速。

基于上述分析，教师制定了如下教学流程（图1-5）。

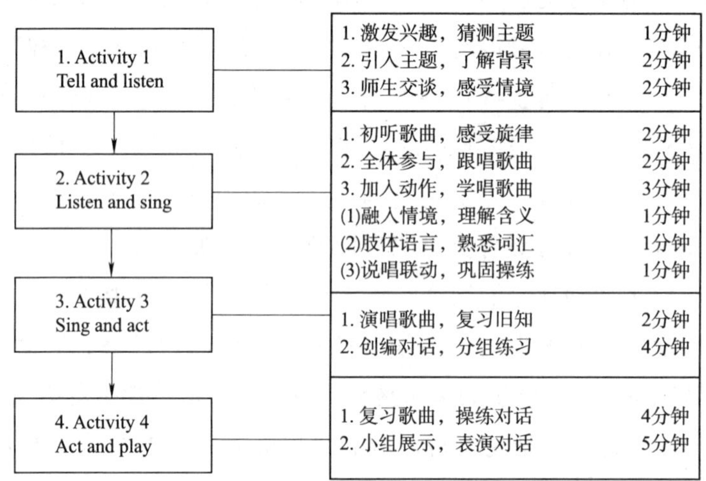

图1-5 教学流程

本节课的设计，以歌曲 *Going to the Library* 为主线，贯穿于4个活动之中。在教学过程中教师注重学生的课堂参与设计，在一年级的教学以学生实际学习能力为主的情况下，落实了教学目标，促使学生在这个过程中锻炼大胆开口说英语的能力，树立了极大的自信心。落实语言目标的同时也大大激发和培养学生学习英语的兴趣。

三、教学反思

在本节课授课过程中，教师力求灵活使用教材，满足不同学生的需求。《义务教育英语课程标准》指出，教师在教学中要创造性地使用教材，特别是要对教材进行适当的取舍和调整。因此，对教材进行合理的取舍或调整，并不会影响教材的完整性和系统性。本课是 A－S－K 项目中一个经典的课程，其中有关童话故事和图书馆场景在原教学要求中没有出现，但这确实是在现实生活中所不能避免的重点句式。在教学过程中教师与学生的交流，有意识地把有可能涉及的相关词汇与场景进行渗透，在操练环节上让学生再进行适当补充，对学生融入图书馆场景和进行小组展示起到了重要的作用，不仅丰富了本节课的语言，而且为顺畅地进行真实交际提供了语言保障。

四、课堂组织与改进措施

本节课后与同组教师进行反思与梳理，对每个环节进行了分析和讲解，力求更加明确方向，厘清思路。本节课主题是“好玩的图书馆”，无论是单词还是句型，学生都没有一定的积累，到了总结归纳、灵活运用的阶段，应该多发散思维，让孩子们随心所欲地用英语进行交流。

多让学生发散思维，要求教师的思维要活跃，不能局限在课文本身，要大胆地放开手，学生的力量是不可估量的，他们会给你带来意想不到的效果。纵观本节课的实施，在下一个主题开启时，要考虑到如何优化环节，让学生们将喜爱的 play 环节更加充分地加以展示。

（徐莹）

专家点评

4月2日是国际儿童图书日，因此4月的英语课以“好玩的图书馆”为主题，通过说一说、听一听、唱一唱、演一演的循环模式，让学生在歌曲 *Going to the Library* 的学习与表演过程中，掌握歌曲中的关键词及相应的动作表达，了解国际儿童图书日的由来及相关背景文化，体验原汁原味的英语。

授课教师由卡通人物导入，在4月第1周5分钟的“Tell and listen”活动中，让学生能以愉悦的心情感受歌曲；在第2周7分钟的“Listen and sing”活动中，教师主要以图片帮助学生理解关键词和学唱歌曲；在第3周6分钟的“Sing and act”活动中，学生演唱歌曲；在第4周9分钟的“Act and play”活动中，学生以小组合作的方式表演歌曲。

通过一个月4次的学习，学生能熟练地演唱歌曲，但尚未能完成英语短剧的创编，这跟授课教师的教学设计有关，建议教师在兼顾学生英语水平的基础上，设计有梯度的小活动，促进学生的语言运用，真正实现学以致用。

（左慧）

《早起的劳动节》教学设计

<table>
<tr><td>课程名称</td><td colspan="5">英语
5 月早起的劳动节</td></tr>
<tr><td>备课人</td><td>邹晨</td><td>上课时间</td><td>2018.5</td><td>授课班级</td><td>一（16）</td></tr>
<tr><td>学习目标</td><td colspan="5">知识与技能：
1. 了解劳动节的日期是每年 5 月 1 日，以及这个节日中人们可以做的事情。
2. 学习歌曲 Morning Comes Early，并配合关键词加上动作演唱。
3. 表演简单的小对话。
过程与方法：
1. 利用多媒体教学资源，以学唱和动作相结合的方式学习主题歌曲。
2. 结合歌曲中的词句，表演小对话。
情感、态度和价值观：
通过歌曲的学习，学生有兴趣听、说英语并乐于模仿和表达。</td></tr>
<tr><td>重点、难点</td><td colspan="5">1. 学生能够理解并配合动作演唱歌曲。
2. 学生能够编演简单的对话。</td></tr>
<tr><td>课前准备</td><td colspan="5">PPT 课件、图片、歌曲音频</td></tr>
<tr><td>教学方法</td><td colspan="5">使用 TPR 教学法进行歌曲的教学，配合歌词设计相应的动作，使学生能够在理解的基础上加入动作演唱歌曲。</td></tr>
<tr><td colspan="6">教学过程设计</td></tr>
<tr><td>教学阶段</td><td colspan="2">师生活动</td><td>设计意图</td><td>技术应用</td><td>时间规划</td></tr>
<tr><td>Activity 1—Tell and listen（5 分钟）</td><td colspan="2">1. T: Welcome to the magic class in May. Look, these are our friends.
S: Nemo, Dory and Marlin.
T: They had Arbor Day on March 12. And they had International Children's Book Day on April 2. Can you guess what holidays they have in May?
S: Mother's Day!
T: Oh, it's not Mother's Day. Let's have a look.（出示劳动节的图片）</td><td>激发兴趣，猜测主题。通过“魔法学堂”的老朋友，小鱼 Nemo 和他的好朋友们在 3 月和 4 月庆祝的节日引入，引导学生猜测活动的主题。</td><td>PPT 课件、图片</td><td>5 分钟</td></tr>
</table>

续表

教学过程设计				
教学阶段	师生活动	设计意图	技术应用	时间规划
Activity 1—Tell and listen（5分钟）	T：We have International Worker's Day. Inter&national International Worker's&day Worker's Day International Worker's Day T：Look at the calendar. Which day is International Worker's Day? S：One. T：On May 1.（出示日历和劳动节标志） T：May 1 is the International Worker's Day. S：May 1 is the International Worker's Day.（边听边说） T：We can call that day is May Day.	引入主题，了解背景（通过图片和拍手记音节的方法，使学生了解劳动节的背景、日期和名称的读法。如：读 inter 伸出左手，读 national 伸出右手，读 international 双手合拍；读 worker's 伸出左手，读 day 伸出右手，读 worker's day 双手合拍）。	PPT课件、图片	
	2. T：Look，on May Day，people will hold a parade in Russia. But in our country，we don't have a parade. As for me，I will go to the park and do some housework on May Day. What do you do on May Day? S：I go to the park. I read books. I sing a song. I watch cartoons.	结合主题，充分讨论。（教师介绍俄罗斯在劳动节庆祝节日方式，并通过介绍自己做的事情引导学生说一说他们在劳动节能做的事情。）	PPT课件、图片	
	3. T：You will have a wonderful May Day！On May Day，people often get up early. Now，let's listen to a song *Morning Comes Early*。（播放歌曲） Students listen and try to sing this song.	听歌曲，感受旋律。	歌曲音频	

续表

教学过程设计				
教学阶段	师生活动	设计意图	技术应用	时间规划
Activity 2—Listen and sing （5 分钟）	1. T：In last class，we met Nemo and his good friends. What holidays they had? S：International Worker's Day. T：Yes. Which day is International Worker's Day?（出示劳动节的标志） S：On May 1. T：Can you say something about your International Worker's Day? S：I go to the park. I read books. I sing a song. I watch cartoons. T：Good job! Let's listen and sing *Morning Comes Early*.	回顾节日，跟唱歌曲。（复习 Activity 1 的内容，试唱歌曲。）	PPT 课件、图片	5 分钟
	2. T：There are some phrases you need to know. Let's read and do some body languages with me. （1） Get up early. （2） Open the window. （3） My comrade. Students read the phrases with body language one by one.	学唱歌曲，配合动作理解歌词里面的关键词。	图片	
	3. T&S：Sing the song together with the body language.	教师、学生边做动作边演唱歌曲。进一步巩固歌曲的学习。	歌曲音频	
Activity 3—Sing and act （5 分钟）	1. T：Let's sing *Morning Comes Early* together. Students sing and act. 2. T：Let's play a guessing game. I will do some actions. And you will guess what I am doing. S：Get up early / go to the park / read books / sing a song / open the window . . .	演唱歌曲，激发兴趣。（教师做动作，学生猜一猜做的是什么事情，通过游戏的方式复习旧知，为创编小对话做好铺垫。） 创编对话，分组练习。	歌曲音频	5 分钟

续表

教学过程设计				
教学阶段	师生活动	设计意图	技术应用	时间规划
Activity 3—Sing and act（5分钟）	T：Let's practice in sentences. I get up early to... S：I get up early to... T：Our friends are talking about International Worker's Day. Let's have a look. Example： Marlin：Get up！Get up！What a beautiful morning！ Nemo：What do you do on May Day? Dory：I get up early to go to the park. Hank：I get to early to read books. I get up early to ... Students talk with group members.	借助学生熟悉的《海底总动员》中的角色进行对话的创编。对话内容既含有歌曲中的词汇和句型，又有学生教材中学习的交际用语：What do you do ...？I...把A－S－K课程的内容和英语课的课程内容进行整合，也使对话的创编更加完整和丰富，最后的语言做留白处理，可以让语言词汇相对丰富的同学继续补充。	PPT课件、图片	
Activity 4—Act and play（10分钟）	1. T：Let's sing *Morning Comes Early* together. Students sing and act. 2. T：When is International Worker's Day? S：It's on May 1. T：What do you do on International Worker's Day? S：I go to the park. I read books. I sing a song. I watch cartoons. 3. T：Let's talk about it. I want to be Nemo. Who can be Dory? Hank? Marlin? Example：T&S T：Now, let's practice in groups. Students practice in groups. S&S：Show the dialogue and song in groups.	复习歌曲，激活旧知。（通过歌曲和问答复习劳动节的相关短语，再由教师和同学扮演不同角色展示对话，为学生小组练习做示范。） 小组展示，表演对话。	歌曲音频 PPT课件 PPT课件	10分钟

（邹晨）

《早起的劳动节》教学反思

2018 年 3 月，史家小学一年级教师和学生正式开始 A－S－K 英语学科攻关课程的教学。英语学科攻关课程属于 A－S－K 课程体系中的学科攻关课程，是核心素养中语言素养的重要方面，是学生态度（Attitude）、技能（Skill）和知识（Knowledge）的综合训练。现以该课程 5 月的主题做如下反思。

一、指导思想与理论依据

《义务教育英语课程标准》指出，英语课程具有工具性和人文性双重性质。学习英语不仅有利于学生更好地了解世界，还能帮助学生形成开放、包容的性格，发展跨文化交流的意识与能力，促进思维发展，形成正确的人生观、价值观和良好的人文素养。英语课程承担着培养学生基本英语素养和发展学生思维能力的任务，即学生通过英语课程掌握基本的英语语言知识，发展基本的英语听、说、读、写技能，初步形成用英语与他人交流的能力，为今后继续学习英语和使用英语学习其他相关科学文化知识奠定基础。

二、教学背景分析

一年级的英语学科攻关课程以每月一个主题节日，以及学生学习生活中的关键事件为依据设置活动，以一首英文歌曲作为载体，通过说一说、听一听、唱一唱、演一演的循环模式，让学生在歌曲的学习和表演过程中，体验语言文化，同时训练学生的语言技能。

（一）课程分析

分析本月的学习内容：5 月的主题节日是劳动节，学习的相关歌曲为 *Morning Comes Early*。关于劳动节的主题，学生需要知道：（1）节日的日期是每年的 5 月 1 日，用英语表达“International Worker's Day”，并能用英语正确表达句子“International Worker's Day is on May 1”。（2）了解劳动节的相关背景，劳动节是国际节日，世界上 80 多个国家的全国性节日。在这一天，多数国家（包括我国）都会放假，以此来奖励辛勤工作的劳动者。（3）歌曲方面，学生要能够演唱并理解歌曲的含义，要准确认读get up early、open the window、my comrade、greeting、linger、in bed、show your head、over the meadows等词汇和短语，并借助动作表演，创编简单的小对话。一年级的学生喜欢唱歌和表演，对“五一”劳动节学生比较熟悉，在课堂中向学生介绍大背景，并以俄罗斯为例，介绍该国的节日习惯。通过TPR的方式，配合动作演唱歌曲，学生容易接受并辅助理解歌曲含义。学生在他们熟悉的学习方式（即说、唱、做、表演）中进行学习。

（二）学生分析

一年级的学生对英语的学习兴趣非常浓厚，喜欢模仿人物说话的语音、语调，热衷于配音、表演、唱歌、绘本展示等一系列课堂活动，这和A－S－K英语学科攻关课程的学习内容和方式都很切合。一年级的学生已经养成配合动作表达词汇和语言的习惯，为了帮助他们理解，大部分词汇和短语都有一个对应的动作，使学生看见动作就能说出对应的短语，学生易于并乐于接受。

基于上述分析，我制定了以下的教学流程（图1－6）。

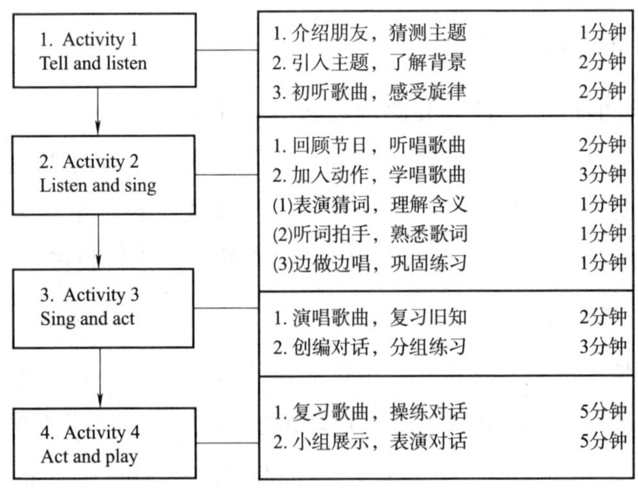

图1－6　教学流程

本节课以歌曲 *Morning Comes Early* 为主线，贯穿于 4 个活动之中。在课程开始之前，教师已经做了歌曲的推送，学生每天都有听歌、学唱活动，所以在前两个活动的实施过程中，学生已经比较熟悉歌曲的旋律，学唱起来也很顺利。而为了学习歌曲中的关键词，帮助他们更好地理解歌曲唱的是什么，我设计了不同的方式，如：听词拍手、说短语做动作、你来比画我来猜等，学生对于猜一猜这个环节表现出了极大的兴趣，几乎每位同学都积极地参与进来，这一设计特别符合学生的年龄特点，同时目标也容易达成。在后两个活动中，主要根据前一节课生成的关键词用简单句创编对话，把单词、短语融入语言，锻炼学生用完整句表达自己的想法，敢于和其他同学沟通交流。这个过程也是学生生成语言、体验语言和运用语言的过程。

三、教学反思

下面将重点从背景知识的学习、词汇教学、对话创编与展示三个方面来反思本节课的教学过程和效果。

（一）背景知识的学习

劳动节的背景知识包括节日的名称和日期。节日名称 International Worker's Day 对于一年级学生来讲有点拗口，所以在授课的时候我选择了使用拍手读词的方式，如：读 inter 伸出左手，读 national 伸出右手，读 international 双手对拍；读 worker's 伸出左手，读 day 伸出右手，读 worker's day 双手对拍。最后长名称一起练习读 international 伸出右手，读 worker's day 伸出左手，读 International Worker's Day 双手对拍。背景知识中提及俄罗斯政府在节日当天会举行游行 hold a parade，各种俱乐部也会举行内容丰富的娱乐活动，在授课过程中让学生做简单理解，增加他们对背景知识的了解。

（二）词汇教学

本月的歌曲是 *Morning Comes Early*。歌曲重复两遍，但音调颇高，里面的关键词已变成短语，例如 get up early、open the window、my comrade、greeting、linger、in bed、show your head、over the meadows 等。在

教授词汇的过程中，以“带读—学生 one by one 的认读—加上动作认读”的三步法来解释歌曲内容，让学生更好地理解歌曲内容，通过边唱边演的方式增强演唱的趣味性。

（三）对话创编与展示

为了让学生在创编和展示对话的时候有更加丰富的语言，我结合我们使用的教材——北京版英语课本中谈论上午、下午以及晚上能做的事情，通过常态英语课程动词短语的积累，活学活用到A-S-K课程中，在复习旧知的基础上学习新知，达到熟能生巧、学以致用的目的。为了让学生敢于张口表达，在创编对话的时候尽量使用简单句。原先的设计是四人一组，每人说两句话，而经过反复推敲之后还是觉得有难度，修改后变为四人一组，每人说一句话，最后展示的小组齐唱主题歌曲。这样使学生在练习和展示的时候感到不那么困难，从理解到运用都能更加顺利（图1-7）。

课前设计：	反思调整：
A：Get up! Get up! What a beautiful morning! B：What do you do on May Day? C：I get up early to go to the park. D：I get up early to do some housework. A：I get up early to read books. B：I get up early to play football. C：I get up early to sing a song. D：Let's sing a song together!	A：Get up! Get up! What a beautiful morning! B：What do you do on May Day? C：I get up early to ... D：I get up early to ... ABCD sing a song *Morning Comes Early* together.

图1-7 对话创编

四、改进措施

本学期A-S-K英语学科攻关课程刚开始实施，通过一个月的教学，对这个课程从陌生到熟悉，从一开始的不知如何下手，到现在能比较顺利地上完一整节课，我课后思考还是有一些设计需要修改和完善。

（一）精简教学内容，有效调整时间

由于A-S-K英语学科攻关课程计划中每个教学环节的时间只有

5～10 分钟，所以要能根据学生的需求和能力准确把握教学的内容。例如，在 5 月背景知识的选择上，在教授学生会说劳动节的名称 International Worker's Day May Day 的同时补充了更简单的一个说法。在第一次试讲中的最后创编对话环节，想让每个同学都能说出两句话，后来发现难度较大。随后就把对话的内容简化，每人说一句话，结尾合唱一首本月主题曲。这样对话内容简单了，学生自然就敢张口说话了，根据学情简单修改教学内容既符合了时间的要求，又能使学生真正达到了解主题和学习知识的目的。

（二）结合英语教材，突出 A－S－K 特点

英语教材是学生最熟悉的内容，课程整合也是现在英语教学的大趋势。现要将英语书和 A－S－K 英语学科攻关课程的内容有效地整合在一起，使课程更加富有逻辑性，让学生在有限的时间里能收获最大化的知识。所以，在 5 月的尝试中，我将教材中的功能句型" What do you do in the morning / afternoon / evening?"" I go to the park / do some housework / read books / sing a song. "与创编的小对话整合，用的都是学生已学会的动词短语，再用完整的句式表达自己的想法，取得了不错的效果。课程整合是很有必要且很有意义的事，我会继续思考并且反复推敲，让学生继续带着浓厚的兴趣学习语言。

（邹晨）

专家点评

5月1日是劳动节，因此5月的英语课以“早起的劳动节”为主题，通过说一说、听一听、唱一唱、演一演的循环模式，让学生在歌曲*Morning Comes Early*的学习与表演过程中，掌握歌曲中的关键词及相应的动作表达，了解劳动节的由来及相关背景知识，体验原汁原味的英语。

授课教师以回顾3月、4月庆祝的节日导入，在5月第1周5分钟的“Tell and listen”活动中，让学生了解劳动节的背景、日期和名称读法，并尝试哼唱歌曲；在第2周5分钟的“Listen and sing”活动中，教师带领学生边做动作边演唱歌曲；在第3周5分钟的“Sing and act”活动中，教师指导学生将歌曲中的句型、词汇与英语教材中的交际用语相结合，创编对话分组练习；在第4周10分钟的“Act and play”活动中，学生以小组合作的方式，分角色扮演表演对话。

学生经过前两个月说、唱、做、演体验，已非常喜欢这种融知识、技能和文化于一体的英语学习方式，尤其在创编对话环节，初步体现生成和运用语言的能力。授课中教师通过听词拍手、说短语做动作、你来比画我来猜等方法帮助学生理解歌曲，效果不错。在采用留白的方式让学生创编对话时，可以再设计些小梯度活动，让学生能更顺畅地学习英语。

（左慧）

《欢快的儿童节》教学设计

<table>
<tr><td>课程名称</td><td colspan="5">英语
6 月欢快的儿童节</td></tr>
<tr><td>备课人</td><td>邹晨</td><td>上课时间</td><td>2018. 6</td><td>授课班级</td><td>一（15）</td></tr>
<tr><td>学习目标</td><td colspan="5">知识与技能：
1. 了解儿童节的日期是每年 6 月 1 日，以及这个节日中小朋友们可以做的事情。
2. 学习歌曲 If You're Happy，并配合关键词加上动作演唱。
3. 表演简单的小对话。
过程与方法：
1. 利用多媒体教学资源，以学唱和动作相结合的方式学习主题歌曲。
2. 结合歌曲中的词句，表演小对话。
情感、态度和价值观：
通过歌曲的学习，学生有兴趣听、说英语并乐于模仿、表达。</td></tr>
<tr><td>重点、难点</td><td colspan="5">1. 学生能够理解并配合动作演唱歌曲。
2. 学生能够编演简单的对话。</td></tr>
<tr><td>课前准备</td><td colspan="5">PPT 课件、图片、歌曲音频</td></tr>
<tr><td>教学方法</td><td colspan="5">使用 TPR 教学法进行歌曲的教学，配合歌词设计相应的动作，使学生能够在理解的基础上加入动作演唱歌曲。</td></tr>
<tr><td colspan="6">教学过程设计</td></tr>
<tr><td>教学阶段</td><td colspan="2">师生活动</td><td>设计意图</td><td>技术应用</td><td>时间规划</td></tr>
<tr><td>Activity 1—Tell and listen
（5 分钟）</td><td colspan="2">1. T：Welcome to the magic class. Look，these are our friends.
S：Nemo，Dory and Marlin.
T：Do you remember what holiday is on March 12 ?
S：Arbor Day .
T：What holiday is on April 2?
S：International Children's Bo-ok Day.
T：How about on May 1?
S：International Workers' Day.
T：Can you guess what holi-days they have in June?
S：Father's Day / Children's Day.</td><td>激发兴趣，猜测主题 。
通过“魔法学堂”的老朋友，小鱼 Nemo 和他的好朋友们在 3 月、4 月和 5 月庆祝的节日引入，教师做出动作作为提示，引导学生猜测活动的主题。</td><td>PPT 课件、图片</td><td>1 分钟</td></tr>
</table>

续表

教学过程设计				
教学阶段	师生活动	设计意图	技术应用	时间规划
Activity 1—Tell and listen（5分钟）	T：Let's have a look. They are very happy. They are celebrating Children's Day. Let's say "Happy Children's Day!" together. T：We have International Children's Day, too. Inter&national International, Children's&day Children's day, International Children's Day. T：Look at the calendar. Which day is International Children's Day? S：June 1. T：Yes. It's on June 1.（出示日历和儿童节图片） T：International Children's Day is on June 1. S：International Children's Day is on June 1.（边听边说）	出示《海底总动员》的图片和主题旋律，引出主题。通过图片和拍手记音节的方法辅助，使学生了解儿童节的背景、日期和名称的读法。如：读inter伸出左手，读national伸出右手，读international双手合拍；读children's伸出左手，读day伸出右手，读children's day双手合拍。	PPT课件、图片 PPT课件、图片	2分钟
	2. T：In our country, International Children's Day is on June 1. There are two countries are different from us. In America, International Children's Day is on May 1. In England, International Children's Day is on July 14 . 3. T：Sweden has two Children's Day. One is for boys. The other one is for girls. The Boy's Day is on Aug 7. We also call it Lobster's Day. The girls Day is on Dec 13 . We also call it Saint, Lucia's Day. Listen, they are singing.	补充西方国家儿童节的日期，并介绍瑞典的儿童节与其他国家不同的文化背景。		

续表

教学过程设计				
教学阶段	师生活动	设计意图	技术应用	时间规划
Activity 1—Tell and listen （5 分钟）	播放歌曲 *If You're Happy*，Students listen and try to sing this song.	初听歌曲，感受旋律。	歌曲音频	2 分钟
Activity 2—listen and sing （5 分钟）	1. T：In last class，we met Nemo and his good friends. What holidays they had? S：International Children's Day. T：Yes. Which day is International Children's Day?（出示儿童节的图片） S：On June 1. T：Great! Let's sing a song together. *If You're Happy*.	回顾节日，跟唱歌曲。 复习 Activity 1 的内容，试唱歌曲。	PPT 课件、图片	3 分钟
	2. T：In this song，I heard angry. What do you hear? S：Happy，sleepy，scary. T：If you're happy，you can clap your hands. If you're angry，you can stomp your feet. If you're sleepy，you can take a nap. If you're scary，you can say "Oh，No!" S：Clap your hands. Stomp your feet. Take a nap. Say "Oh，No!" Students read the phrases with body language one by one.	学唱歌曲，配合动作理解歌词里面的关键词。教师、学生边做动作边演唱歌曲。进一步巩固歌曲的学习。	歌曲视频、图片	
	3. T&S：Sing the song together with the body language.		歌曲视频	2 分钟
Activity 3—Sing and act （5 分钟）	1. T：On International Children's Day，you should be happy. Now，let's change the words. Should we be angry? S：No. We should be happy and clap your hands. T：Should we be sleepy?	演唱歌曲，激发兴趣。（简单修改歌词，使其符合欢快的儿童节的背景。）	歌曲音频	2 分钟

续表

教学过程设计				
教学阶段	师生活动	设计意图	技术应用	时间规划
Activity 3—Sing and act（5分钟）	S：No. We should be happy and stomp your feet. T：Should we be scary? S：No. We should be happy and say "Hurray!"			
	2. T：You did a good job! On International Children's Day, we can do many things. Let's play a guessing game. I will do some actions. And you will guess what I am doing. S：Sing a song/Fly a kite/jump ropes/Read books... T：What do you do on Children's Day? S：I play games. /I play with my friends. /I watch TV... T：Our friends are talking about International Children's Day. Let's have a look. Example： Marlin：What do you do on International Children's Day? Nemo：I go dancing. Dory：I fly a kite. Hank：I play with my friends. Marlin：Let's sing a song together! Students talk with group members.	创编对话，分组练习。（借助学生熟悉的《海底总动员》中的角色进行对话创编。对话内容既有歌曲中的词汇和句型，又有教材中的交际用语"What do you do ...? I..."把A－S－K课程内容和英语课程的内容进行整合，使对话的创编更加完整和丰富，最后的语言做留白处理，可以让语言词汇相对丰富的同学继续补充。）	PPT课件、图片	3分钟
Activity 4—Act and play（10分钟）	1. T：Let's sing *If You're Happy* together. Students sing and act.	复习歌曲，激活旧知。（通过歌曲和问答复习儿童节的相关短语，再由老师和同学扮演不同角色展示对话，为学生小组练习做示范。）	歌曲音频	2分钟
	2. T：When is International Children's Day? S：It's on June 1.			

续表

教 学 过 程 设 计				
教学阶段	师生活动	设计意图	技术应用	时间规划
Activity 4—Act and play（10 分钟）	T：What do you do on International Children's Day? S：I play games. I read books. I sing a song. I watch TV.		PPT 课件	3 分钟
	3. T：Let's talk about it. I want to be Marlin. Who can be Nemo? Dory? Hank? Example：T&S T：Now, let's practice in groups. Students practice in groups. S&S：Show the dialogue and song in groups.	小组展示，表演对话。	PPT 课件	5 分钟

（邹晨）

《欢快的儿童节》教学反思

2018年3月，史家小学一年级教师和学生正式开始A-S-K英语攻关课程的教学。英语攻关课程属于A-S-K课程体系中的学科攻关课程，是核心素养中语言素养的重要方面，是学生态度（Attitude）、技能（Skill）和知识（Knowledge）的综合训练。现以该课程6月的主题做如下反思。

一、指导思想与理论依据

《义务教育英语课程标准》明确了义务教育阶段英语课程的总目标是“通过英语学习使学生形成初步的综合语言运用能力，促进心智发展，提高综合人文素养”。强调学习过程要重视语言学习的实践性和应用性，要丰富课程资源，拓展英语学习渠道。本节课学生通过观察图片、演唱歌曲、表演歌曲以及扮演角色等教学活动发展语言和思维能力，通过真实情景体验、参与合作等方式，形成积极的情感态度和良好品格。

二、教学背景分析

一年级的英语学科攻关课程以每月一个主题节日以及学生学习生活中的关键事件为依据设置活动，以一首英文歌曲作为载体，通过说一说、听一听、唱一唱、演一演的循环模式，让学生在歌曲的学习和表演过程中，体验语言文化，同时训练学生的语言技能。

（一）课程内容分析

分析本月的学习内容：6月的主题节日是儿童节，学习的相关歌曲为*If You're Happy*。关于儿童节的主题，学生需要知道以下内容：（1）节日的日期是每年的6月1日，英文表达International Children's Day，并能用英语正确表达句子“International Children's Day is on June 1.”；（2）了解儿童节的相关背景：儿童节是国际节日，在这一天，多数国家（包括我国）会在儿童节或者提前一天举办儿童表演、野营、放映免费电影等活动；(3) 歌曲方面，学生要能够演唱并理解歌曲的含义，要准确认读 happy、angry、sleepy、scary、clap your hands、stomp your feet、take a nap、say "Oh, No" 等词汇和短语，并借助动作表演，创编简单的小对话。一年级的学生喜欢唱歌和表演，学生很熟悉"六一"儿童节，在课堂中向学生介绍大背景，并以瑞典为例，介绍他们的节日习惯。通过 TPR 教学方式，配合动作演唱歌曲，学生容易接受并理解歌曲含义。学生在他们熟悉的学习方式（即说、唱、做、表演）中进行学习。

（二）学生分析

一年级的学生对英语的兴趣非常浓厚，喜欢模仿人物说话的语音语调，热衷于配音、表演、唱歌、绘本展示等一系列课堂活动，这和 A-S-K 英语攻关课程的学习内容和方式都很契合。一年级的学生已经养成配合动作表达词汇和语言的习惯，所以为了帮助他们理解，大部分词汇和短语都有一个对应的动作，使学生看见动作就能想出对应的短语，学生易于并乐于接受。

基于上述分析，我制定了以下的教学流程（图 1-8）：

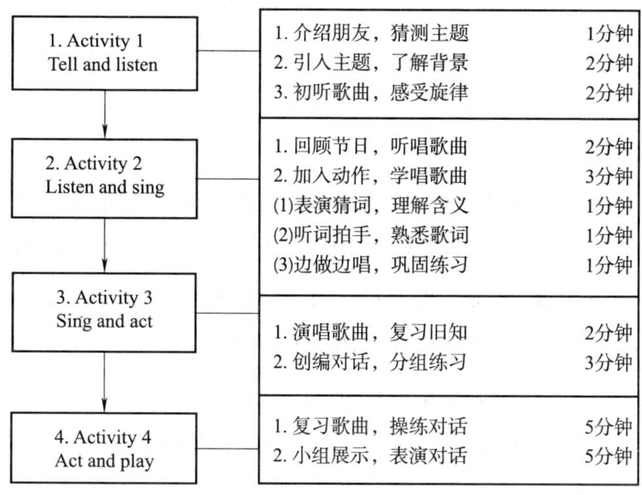

图 1-8 教学流程

本节课以歌曲 *If You're Happy* 为主线，贯穿于 4 个活动之中。在课程开始之前，老师已经做了歌曲的推送，孩子每天都有听歌、学唱的时间，所以在前两个活动的实施的过程中，学生已经比较熟悉歌曲的旋律，学唱起来也很顺利。而为了学习歌曲中的关键词，帮助他们更好地理解歌曲唱的是什么，我设计了不同的方式，如：听词拍手、说短语做动作、你来比画我来猜等方法，学生对于“猜一猜”环节表现出了极大的兴趣，几乎每个同学都积极地参与进来，这一设计特别符合学生的年龄特点，同时目标也容易达成。在后两个活动中，主要根据前一节课生成的关键词用简单句创编对话，把单词、短语融进语言，锻炼学生用完整句表达自己的想法、敢于和其他同学沟通交流的能力。这个过程，就是学生生成语言、体验语言和运用语言的过程。

三、教学反思

下面将从背景知识的学习、词汇教学、对话创编与展示三方面重点反思本节课的教学过程和效果。

（一）背景知识的学习

儿童节的背景知识包括节日的名称和日期。节日的名称“International Children’s Day”对于一年级学生来讲有点拗口，所以在授课时我选择了使用拍手读词的方式，如：读 Inter 时伸出左手，读 national 时伸出右手，读 International 时双手对拍；读 Children’s 时伸出左手，读 day 时伸出右手，读 Children’s day 时双手对拍。最后一起练习读 international 时伸出右手，读 Children’s day 时伸出左手，读 International Children’s Day 时双手对拍。背景知识中提及瑞典的儿童节很特别，分为 8 月 7 日“男孩节”和 12 月 13 日“女孩节”。“男孩节”又称为“龙虾节”，意思是鼓励小男孩学习龙虾的勇敢精神。“女孩节”又称为“露西娅节”，露西娅是瑞典传说中专门保护女孩的女神，每到这个节日，女孩都要打扮成女神的模样，为其他孩子做好事。在讲授过程中让学生做简单理解，增加他们对背景知识的了解。

（二）词汇教学

本月的歌曲 *If You’re Happy* 里面的关键词有词汇和短语，例如 happy，angry、sleepy，scary、clap your hands、stomp your feet、take a nap、say

“Oh，No” 等。在讲授词汇的过程中，以“带读—学生 one by one 的认读—加上动作认读”的三步法来解释歌曲内容，让学生更加理解歌曲唱的内容，通过边唱边演的方式增强了演唱的趣味性。

（三）对话创编与展示

我结合了教材北京版英语课本中谈论上午、下午以及晚上能做的事情，通过常态英语课上动词短语的积累，活学活用到 A－S－K 课程中，在复习旧知的基础上学习新知，使学生在创编和展示对话的时候有更加丰富的语言，达到熟能生巧，学以致用。为了让学生敢于张口表达，在创编对话的时候尽量使用简单句，最后展示的小组齐唱一小段主题歌曲。这样使学生在练习和展示的时候从理解到运用都能很顺利（图 1－9）。

课前设计：	反思调整：
A：Happy Children's Day！Are you happy today？ B&C&D：Yes！ A：What do you want to do？ B：I want to go to the Great Wall. C：I want to play toble tannis. D：I want to plat basketball. A：Let's sing a song together. ABCD sing a part of the song *If You're Happy* together.	A：What do you do on Children's Day？ B：I ... C：I ... D：I ... ABCD sing a part of the song *If You're Happy* together.

图 1－9　对话创编

四、改进措施

本学期 A－S－K 英语学科攻关课程刚刚开始实施，通过两个月的教学，对这个课程从陌生到熟悉，从一开始的不知如何下手，到现在能比较顺利地上完一节课，我课后思考还是有一些设计需要修改和完善。

（一）精简教学内容，有效调整时间

由于 A－S－K 课程计划中每个教学环节的时间只有 5～10 分钟，

所以我根据学生的需求和能力准确把握教学的内容。例如，本月的主题是儿童节，由于学生已经会说儿童节的名称 International Children's Day，所以名称的讲授相对轻松，重点则放在了背景知识的介绍上。学生对于瑞典有两个儿童节的情况十分感兴趣。在创编对话的环节，也着力于使用学生已有知识，这样对话内容简单了，学生自然就有自信心张口表达了，根据学情简单修改教学内容既符合了时间的要求，又能使学生真正达到了解主题和学习知识的目的。

（二）结合英语教材，突出A－S－K特点

英语教材是学生们最熟悉的内容，课程整合也是现在英语教学的大趋势。现要将英语教材和A－S－K课程的内容有效地整合在一起，使课程更加富有逻辑性，让学生在有限的时间里能收获最大化的知识。所以，6月继续融合英语教材中的功能句型" What do you do ... ?"" I ... "与创编的小对话整合，用到的都是学生已学会的动词短语，再用完整的句式表达自己的想法，取得了不错的效果。课程整合是很有必要且很有意义的事，我会继续思考并且反复推敲，让学生继续带着浓厚的兴趣学习语言。

（邹晨）

6 月 1 日是儿童节，因此 6 月的英语课以“欢快的儿童节”为主题，通过说一说、听一听、唱一唱、演一演的循环模式，让学生在歌曲 *If You're Happy* 的学习与表演过程中，掌握歌曲中的关键词及相应的动作表达，了解儿童节的由来及相关文化习俗，体验原汁原味的英语。

授课教师以回顾 3 月、4 月、5 月庆祝的节日导入，在 6 月第 1 周 5 分钟的“Tell and listen”活动中，让学生了解儿童节的背景、日期和不同国家的习俗，并尝试哼唱歌曲；在第 2 周 5 分钟的“Listen and sing”活动中，教师带领学生边做动作边理解、演唱歌曲；在第 3 周 5 分钟的“Sing and act”活动中，教师为契合“欢快的儿童节”的主题，简单修改歌词，并指导学生结合已学内容创编对话分组练习；在第 4 周 10 分钟的“Act and play”活动中，学生以小组合作的方式，分角色展示对话。

儿童节虽然是小学生最为熟悉和喜欢的节日，但对其相关的背景知识与文化习俗却知之甚少，因此在授课中，教师对这部分内容的补充让学生非常感兴趣。由于这首歌在创编对话中所采用的句型是教材已学内容，且与 5 月相同，对学生而言，难度较小，可以再优化设计，体现递进式发展。

（左慧）

第二节　数学与思维模块

数学是研究数量关系和空间形式的科学。数学作为对于客观现象抽象概括而逐渐形成的科学语言与工具，不仅是自然科学和技术科学的基础，而且在人文科学与社会科学中发挥着重要的作用。

一、理论基础

数学对于提升民族素养、确保国家旺盛的创新力，具有其他学科无法替代的独特作用。中小学数学教育主要就是要让学生会用数学的眼光观察现实世界，会用数学的思维思考现实世界，会用数学的语言表达现实世界。

（一）数学素养是核心素养的重要方面

经济合作与发展组织（OECD）于1997年启动了“素养的界定与遴选：理论和概念基础项目”。同期，包括我国在内的世界各国和多个国际组织，纷纷开始探索，相继在教育领域建立21世纪学生的核心素养模型及指标体系。数学素养以不同形式，在众多的指标体系中都有所体现和涵盖。比如欧盟发布的以核心素养促进终生学习的八大核心素养体系，数学与科学技术素养就是其一。中国学生发展核心素养的研究，将学生发展核心素养界定为学生应具备的、能够适应终身发展和社会发展需要的必备品格和关键能力，包括人文底蕴、科学精神、学会学习、健康生活、责任担当、实践创新六大素养，由于数学在塑造健全人格、提升国家创新力等方面具有优势，其在学生发展核心素养培养中起了较为关键的作用。

（二）综合学习设计理论实现数学知识、技能与态度的整合

综合学习包括了知识、技能和态度，涉及对本质相异的各个组成技能进行协调，通常还需实现将学校环境中所学的东西迁移至日常生

活与工作情境中。

综合学习是相对较新的见解，最初是由范梅里恩伯尔等人在20世纪90年代早期发展的一个设计理论中提出的。综合学习通常涉及一组综合的学习目标（即多样化的学业表现目标），这与学习单独的技能关系不大，主要是掌握真实生活中的任务所需要的各个单独子技能之间的协调与整合。因此，在综合学习中，整体很显然是大于部分之和的，因为整体还包括了协调与整合这些技能的能力。

综合学习在多种教学方法中都有所涉及，它们的共同点就是都将焦点集中在真实学习任务上，把理解现实生活中的真实任务作为学习和教学的驱动，能帮助学习者整合知识、技能和态度，促使学习者协调各种技能，更好地将所学东西迁移到新问题中。

（三）CPA 教学法实现从具体到抽象的思维过程

CPA 教学方法，由美国教育心理学家、认知心理学家 J. S. Bruner 提出。他经过观察发现，孩子的学习往往会经历具体化（C - Concrete）、形象化（P - Pictorial）、抽象化（A - Abstract）三个阶段。CPA 教学法在新加坡的数学教育中有广泛的应用。近年来，我们一直强调动手操作，强调学生理解数学知识的发生过程，但是如何在课程实施过程中有效地体现出来，CPA 教学法是个值得借鉴的模型。

小学低年级尽可能多地提供动手活动发展学生的具体经验，小学中年级要尽可能地发展学生的形象经验，小学高年级逐步发展学生的抽象概念。具体的某个数学概念的学习，则可从设计动手活动开始到发展表象，到逐步抽象出数学概念的理想模式发展。CPA 教学法一方面体现了深层的数学认识论原理；另一方面又是一个简易的操作模型，为数学教与学在理论联系实际方面提供了支撑。

二、课程价值

义务教育阶段的数学课程是培养公民素质的基础课程，既要使学生掌握现代生活和学习中所需要的数学知识与技能，又要发挥数学在培养人的思维能力和创新能力方面的作用。

数学课程就是要让学生了解数学的价值，提高学习数学的兴趣；获得适应社会生活和进一步发展所必需的数学基础知识、基本技能、基本思想、基本活动经验；体会数学知识之间、数学与其他学科之间、数学与生活之间的联系，运用数学的思维方式进行思考。也就是要让学生在掌握知识技能的同时，感悟数学的本质；让学生积累数学思维的经验，形成和发展数学核心素养。具体到小学低年级，学生正处在前运算阶段后期，思维活动有具体性的特征，因此数学教学要实现引发学生对数学相关事物的好奇心，能够从日常生活抽象出数并发展数感，从实际物体中抽象出简单几何体和平面图发展空间观念，能够从日常生活中发现和提出简单的数学问题，并尝试解决。

三、课程定位

数学与思维模块课程属于A-S-K课程体系中的学科攻关课程，是核心素养中数学科技素养的重要方面，是学生态度（Attitude）、技能（Skill）和知识（Knowledge）的综合训练。抽象、推理是数学教学中经常性、普遍性的思维活动，也是数学活动中最基本、最重要的思维方法。小学低年级数学与思维模块课程以情感态度、知识技能、数学思维、问题解决的培养为主要目标，强调动手操作，重视学生直接经验的积累，开展游戏化教学，提高学生学习数学的兴趣；优化教学方式，实现学科教学中难点的突破；强化思维训练，实现进阶式培养。

四、课程结构

数学与思维模块课程每学期有两册教材，每册教材5~6个课时，包括3~4个学科难点攻关课时和2个数学思维训练课时。以小学一年级上学期为例，数学与思维模块课程为5个课时，包括思维训练课程2个课时，如“小鱼的一天”针对数的抽象；难点攻关课程3个课时，如“欢乐的模拟买卖”针对数的拆分与组合。数学与思维模块课程需配合学校数学课程进行学习，每次活动15~30分钟，依据学校教学进度开展见下表。

课时名称	干预点	具体内容
小鱼的一天	从实物中抽象出数	1. 修复照片 2. 有趣的自画像 3. 划船比赛
小鱼回家	多少与大小的概念进行比较	1. 排队的小小鱼 2. 安全帽 3. 吃饭时间到 4. 分发车票
欢乐的模拟买卖	数的拆分与组合	欢乐的模拟买卖
多莉的好朋友在哪儿	10 的组合与拆分初步运用“凑十法”	多莉的好朋友在哪儿
齐心合力	运用“凑十法”	齐心合力

（拱雪）

《小鱼的一天》教学设计

<table>
<tr><td>课程名称</td><td colspan="5">数学与思维
小鱼的一天</td></tr>
<tr><td>备课人</td><td>杨扬</td><td>上课时间</td><td>2018.9</td><td>授课班级</td><td>一（14）</td></tr>
<tr><td>学习目标</td><td colspan="5">1. 能够将一定数量的实物抽象成数字。
2. 通过游戏活动帮助学生从形象思维过渡到抽象思维。
3. 体验灵活运用知识解决问题的快乐。</td></tr>
<tr><td>重点、难点</td><td colspan="5">重点：
经历“直观（实物）—形象（点）—抽象（数字）”的过程。
难点：
逐步过渡到抽象思维。</td></tr>
<tr><td>课前准备</td><td colspan="5">PPT、学生用书、拼图、色卡、笔、奖励贴纸</td></tr>
<tr><td>教学方法</td><td colspan="5">合作探究、小组交流</td></tr>
<tr><td colspan="6">教学过程设计</td></tr>
<tr><td>教学阶段</td><td>师生活动</td><td>设计意图</td><td>技术应用</td><td colspan="2">时间规划</td></tr>
<tr><td>课前准备（导入）</td><td>师：同学们，今天我们要一起到“魔法学堂”中学习数学。你们还记得这些“魔法学堂”中的海洋朋友吗？
生：汉克、多莉、雷老师……
师：没错，这些就是咱们“魔法学堂”中的好朋友们。</td><td>唤起学生对小鱼的回忆，激发兴趣，并明确是在“魔法学堂”学习数学，本节课是有关数学的学习。</td><td>播放PPT，出示小鱼们的图片</td><td colspan="2">1分钟</td></tr>
<tr><td>活动1：修复照片</td><td>1. 介绍规则
师：快来看看，咱们的第一个任务是什么吧？
修复照片。
这是谁和谁的照片呢？
生：多莉和雷老师。
师：你说得没错，我们一起看看规则吧。
（1）每块碎片的背面都提示了这块碎片应该放到相框中的哪个位置，依据这个线索，把合照碎片放置到相框中正确的位置。</td><td>出示散落照片，由学生猜出是谁的照片，培养观察能力的同时，激发学习兴趣。

明确规则，突出要看“背面”的点数。</td><td>出示散落的照片

出示规则，强化“背面”</td><td colspan="2"></td></tr>
</table>

续表

教学过程设计				
教学阶段	师生活动	设计意图	技术应用	时间规划
活动1：修复照片	（2）确认碎片放置正确。 ①师逐条阅读规则。 ②生说一说具体理解，师补充。 ③师生举例，试一试。 先拿出8个点的卡片，看看它放在哪里？（数量一样，可以数出来，还可以从点的位置看出来） 再试一试4个点。（数量一样，点的位置不同） ④学生根据规则完成任务。 2. 组织并指导学生完成任务。 3. 展示交流 （1）有没有哪一个碎片遇到困难？ （2）学生分享任务完成的方法，说一说自己的感受。 （3）根据活动要点组织学生小结，进行奖励。	由学生解释规则，培养阅读理解能力，强化规则。 通过尝试，引导学生感受实物图与点图的关系。关注数量多少。为不同水平的学生提供不同的引导。 从活动经验中引导学生体会实物到点的过渡。	逐个碎片出示结果	
活动2：有趣的自画像	1. 介绍规则 师：这是谁的自画像呢？好可惜，他还没有画完呢。不过他留下了一些涂色的线索。聪明的你，能根据线索把画像涂上颜色吗？ 师：我们一起看看规则吧。 （1）从每一小块图中数出点的数量。 （2）根据线索中提示的对应关系，找到每一块图的对应颜色，说一说。	激发兴趣。	出示未完成的自画像 出示规则和线索	

续表

教学过程设计				
教学阶段	师生活动	设计意图	技术应用	时间规划
活动2： 有趣的自画像	根据多莉留下的 线索给画像涂色吧！ •——1 ••——2 •••——3 ••••——4 •••••——5 ••••••——6 5 3 2 4 1 6 ①师逐条阅读规则。 ②生说一说具体理解，师补充。 师：这条线索是什么意思？ 生：1个点涂橙色，2个点涂黄色…… 师指导：1个点对应数字1，数字1对应的颜色是橙色。 生仿照介绍其他颜色。 ③师生举例，试一试。 指着水草位置的一个点，问涂什么颜色？你是怎么想的？ 生：橙色，因为有一个点； 生：绿色，因为这一块中有3个点，中间没有断开，不是1个点。 ④学生根据规则完成任务。	通过具体理解线索，进一步感受实物—点—数字之间的过渡。 通过尝试，引导学生体会易错点，培养观察能力。	线索放大一些	
	2. 组织学生完成任务。			
	3. 整体反馈。 利用举色卡的方式一起完成涂色。及时关注不同答案的学生。 重点：5区域广泛，要数全；6数量最多，要数准；1最少，但也要确定看完整了。	通过举色卡的方式，使课堂紧凑，而且大家同时举色卡可以面向全体了解学生情况。重点区域的引导，进一步帮助学生感受活动要求。	随着学生举色卡，出示每一块颜色	

续表

教学过程设计				
教学阶段	师生活动	设计意图	技术应用	时间规划
活动 2：有趣的自画像	4. 布置任务 今天我们一起帮助多莉完成了画像，感兴趣的同学可以课后自己独立帮助尼莫完成一下。		出示小鱼声音	
活动 3：划船比赛	1. 介绍规则 师：接下来，在这片蔚蓝的大海上，有一些小小的岛屿。岛屿上面放着不同数量的好吃的。小鱼们即将进行一场划船比赛。你能帮他们把航线画出来吗？看看规则吧。 （1）小船的航线由小岛连接而成，海岛上物体的数量与小船编号相同的即为该小船的正确航线。 （2）把每一艘小船和各自要经过的海岛用线连起来。 ①师逐条阅读规则。 ②生说一说具体理解，师补充。 ③师生举例，试一试。 ④学生根据规则完成任务。 2. 组织并指导学生完成任务。 3. 展示交流。 （1）逐一出示每条小船的航线。 （2）学生分享任务完成的方法，说一说自己的感受。 （3）根据活动要点组织学生小结，进行奖励。	激发兴趣，同时引导观察数量。这一活动的要求不难理解，所以由学生解释后，老师演示。 单独出示每条小船的航线方便学生观察，从而进一步体验将实物抽象为数字（数量相同）。	出示小岛 出示规则 用笔画出 1 号小船航线 单独出示每条小船航线上的小岛	
归纳小结	真棒，有了大家的帮助，小鱼们度过了愉快的一天。我们今天的“魔法学堂”也挑战成功啦！ 今天这节数学课，你过得愉快吗？有什么收获呀？	引导学生关注本节课上的数学体验。	播放挑战成功	

（杨扬）

《小鱼的一天》教学反思

A－S－K 项目已经开展了整整一年，今年一年级在原有基础上又开展了数学攻关课程——数学与思维。本课程沿用“魔法学堂”的形式呈现，目的是通过游戏活动，帮助学生攻破数学学习中遇到的难点，促进学生数学思维的发展。

一、指导思想与理论依据

数学是一门具有高度抽象性和概括性的自然科学。正因为它的高度抽象性和概括性，使它具有了普遍存在性和广泛应用性，成了人类认识自然改造自然所必须具备的基础知识。

与此相反，小学低年级学生的思维方式刚刚从具体思维进入形象思维时期，抽象思维处于萌芽状态。所以直观形象是小学低年级教师教学时必须遵循的普遍原则。教师尽可能地将数学知识用具体形象的方法呈现给学生，引领学生经历“具体—形象—抽象”的过程来认识、掌握数学知识。A－S－K 课程的数学攻关课程在一定程度上可以把小学低年级数学知识用具体形象的方法呈现给学生，在教学中用具体形象的方法让学生认识研究抽象的数学知识。

二、教学背景分析

（一）课程内容分析

一年级的数学攻关课程属于 A－S－K 课程体系中的学科攻关课程，是核心素养中数学与思维的重要方面，是学生态度（Attitude）、技能（Skill）和知识（Knowledge）的综合训练。

结合数学课程标准和一年级学生特点，数学与思维课程包含“小鱼的一天”“小鱼回家”“欢乐的模拟买卖”“多莉的好朋友在哪儿”“齐心合力”5 部分内容，其对应的数学知识分别是数数、数的比较、数的分与合、凑十和用凑十法计算。

本节课“小鱼的一天”是第一课时，设计了“修复照片—有趣的自画像—划船比赛”3个操作性很强的游戏，引导学生将一定数量的实物抽象成数字，帮助学生从形象思维过渡到抽象思维。

（二）学生分析

小学一年级是学生接受数学系统知识教育的起点。从儿童思维的发展上看，儿童思维是由具体形象向抽象逻辑思维发展的，在教育教学中应以直观形象性为基础，逐步向抽象逻辑性发展，使学生的知识能从感性逐步上升到理性。一年级学生在学前接触数学知识的方式是玩中学，思维处于以具体形象为基础的状态。

基于上述分析，制订了以下的教学流程（图1－10）。

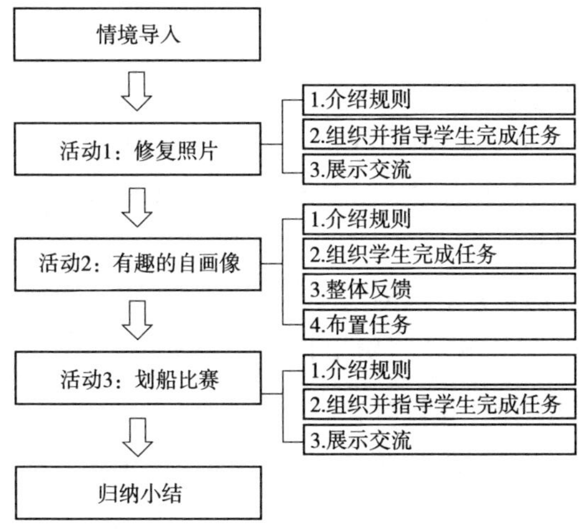

图1－10 教学流程

三、教学反思

（一）利用修复照片，感受实物—点的过渡。

这是个拼图游戏，但要注意这个拼图不是看图片碎片的正面，而是需要数背面的点数，确定碎片放置的位置。在游戏开始前，引导学生认真阅读规则，明确要看“背面”的点数。

在具体活动时，引导学生感受实物图与点图的关系。有的实物图和点图，学生可以数出数量确定，也可以观察点的位置确定（图1－

11)。但为了避免学生过多地关注画面而忽略了数量。卡片中大部分点图与实物图的样子并不同，使得学生必须要数出数量才能确定。而这样，方便学生体会实物到点的过渡，体会无论位置如何，它们的数量是相同的。

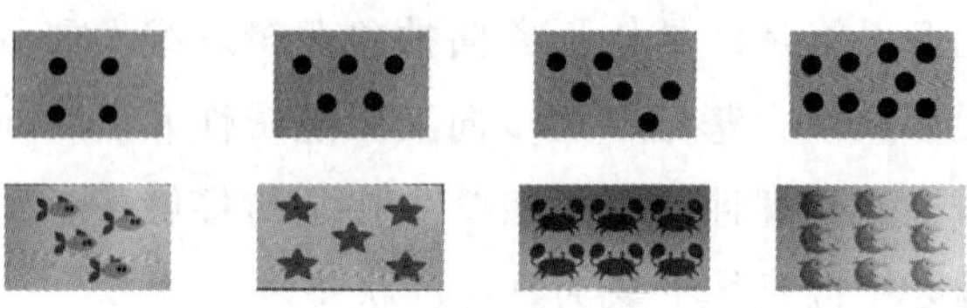

图1-11　点图与实物图

（二）利用自画像，体会点到数的过渡。

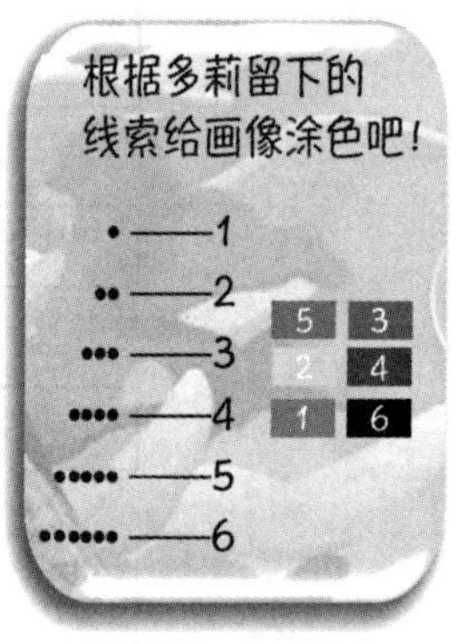

图1-12　多莉留下的线索

活动前逐条阅读规则，理解线索的具体含义（图1-12）。学生们看到线索，很容易理解出1个点涂橙色，2个点涂黄色……这时，教师要进行必要的引导，让学生一步一步地充分感受线索的含义，即：1个点对应数字1，数字1对应的颜色是橙色。随后，学生们逐一介绍线索，体会从点抽象到数的过程。

在活动时，指导学生准确点数："这应该涂什么颜色？你是怎么想的？"（图1-13）有学生一看便会觉得有3个点，所以对应数字3，3对应绿色。

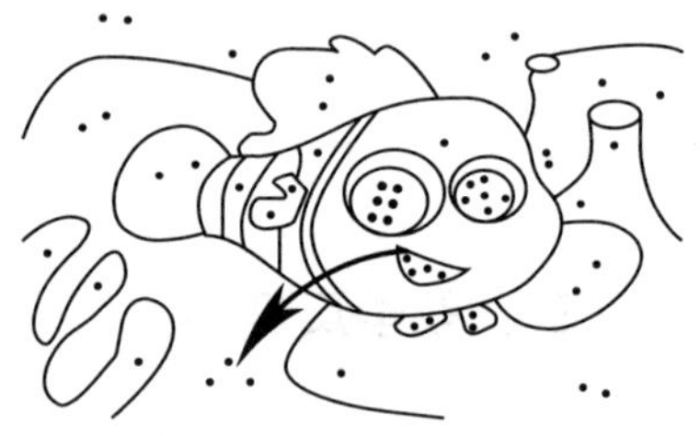

图1-13　未涂色的自画像

其实不然，这一块中有5个点呢。5个点对应数字5，数字5对应蓝色。此处的指导非常必要，学生要能够整体全面地观察，才能数准数量。

（三）利用划船比赛，实现实物到数的过渡。

本节课最后一个游戏是划船比赛，之前学生已经初步形成了从实物到点再到数的过渡，最后让学生体验由抽象的数字还原到具体实物的过程。从而形成从实物中获得数，再回到具体的完整认数过程。此活动的规则理解和具体操作都不难，给学生交流和操作的空间。在最后的反馈环节，教师有意识地单独出示每条小船的航线方便学生观察，从而进一步体验位置不同，数量相同（图 1－14）。

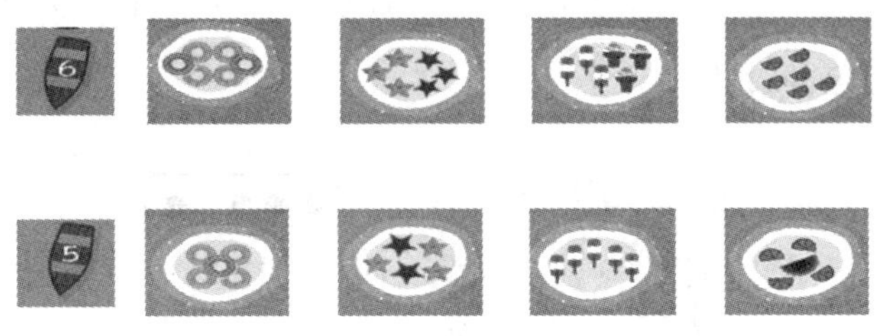

图 1－14　各条小船的航线

由此可见，在学生认数过程中，将具体、直观的形象思维向较为抽象的思维进行过渡。这种过渡的产生离不开点图的帮助。于是对一年级上学期的数学教材进行梳理，我们发现每一次认数的教学都使用了点图，我们教学时从具体的生活情境找到“数”，将抽象的“数”让学生用点表示出来，帮助学生完成由具体到抽象，再从抽象回到具体的认知过程。利用点图引导学生观察并发现数之间的大小关系，体会数的顺序。从认识“6”和“10”的教学中，教材安排给点图涂色的学习活动，帮助学生体会数的组成。可见，点图在学生认数的学习中，起到了十分重要的作用。它是将抽象的数，具体形象表现出来的工具。

四、改进措施

这节课是 A－S－K 课程与数学课的第一次完美结合。由于受课时进度影响，本应在学生认数前进行的“魔法学堂”，不得不在学生完成了第一单元后才展开。再回到本节课中，学生已经有了较为丰富的认数经验，可能对本课的原有设计意图体会不那么充分。所以，下次如果有机会，本课的实施会放在“童蒙养正周”进行，让学生在数学课正式学习认数之前，经历实物到点到数字的过程，体会“直观—形象—抽象”的过渡。

除此以外，在本节课的激发下，教师充分挖掘了数学教材中点图的作用。例如，加法初步认识时（图1－15），原本的教学大多会由描述小丑手中的气球，逐渐提炼出加法的含义。其中的点图作为学生理解的辅助工具。现在领会了A－S－K课程理念后，上课时会更关注点图与气球图的对应，关注点图与加法的对应，从而使学生经历直观到形象再到抽象的过程。

图1－15　加法初步认识辅助工具

（杨扬）

专家点评

本节课是一年级数学与思维教材上册中的思维训练课程，关注学生抽象思维，通过游戏化的设计，让学生在闯关的过程中，实现从实物中抽象出数字，并体验灵活运用知识解决问题的快乐。

抽象是数学活动中一种最基本、最重要的思维方法，也是数学教学中经常性、普遍性的思维活动，对于刚入学的学生，面临的关键问题便是数字的抽象，如何从实物中抽象出数字，进而逐步实现从形象思维过渡到抽象思维。本节课运用 CPA 教学法，从具体到形象再到抽象来进行设计，包括三个课程活动：修复照片是将实物抽象为点，实现实物与点的对应；多莉的自画像是明确点的数量和数字的对应关系；划船比赛则以前两个游戏为基础，实现从实物中抽象出数。授课中，教师能够比较深入地理解课程的定位，从课程情境快速导入，清晰讲解游戏要求，并进行举例示范，确保学生明确游戏规则，从而更好地实现游戏对于思维过程难点的攻关，在学生独立游戏闯关的基础上，教师给予学生交流空间，让学生对闯关方法、感受等进行交流分享，最后教师对较好完成任务的学生给予奖励，进行进一步的行为激励，实现了游戏化教学的完整过程。

小环节的游戏化设计，充分考虑了学生的年龄特点，使学生在每个游戏中都能保持较为集中的注意力，教师明确的指令，使学生积极主动地参与互动，从而比较好地达到学习目标。建议教师更加深入地把握课程中的思维要点与难点，对学生进行引导，从而一定程度上解决学生认知基础不同的问题。

（拱雪）

《汉克的大考验》教学设计

<table>
<tr><td>课程名称</td><td colspan="5">数学与思维
汉克的大考验</td></tr>
<tr><td>备课人</td><td>王园园</td><td>上课时间</td><td>2018.11</td><td>授课班级</td><td>二（13）</td></tr>
<tr><td>学习目标</td><td colspan="5">知识与技能：
能依据从不同角度的观察，推断出对应的简单物体。
过程与方法：
通过游戏活动使学生体验从三视图推理出物体实际形状的过程。
情感、态度和价值观：
体验灵活运用知识解决问题的快乐。</td></tr>
<tr><td>重点、难点</td><td colspan="5">从三视图推理出物体实际形状</td></tr>
<tr><td>课前准备</td><td colspan="5">PPT课件、学生用书、几何体教具</td></tr>
<tr><td>教学方法</td><td colspan="5">活动探究、小组合作</td></tr>
</table>

<table>
<tr><td colspan="5">教学过程设计</td></tr>
<tr><td>教学阶段</td><td>师生活动</td><td>设计意图</td><td>技术应用</td><td>时间规划</td></tr>
<tr><td>激趣引入</td><td>回顾小伙伴，引入课堂。
同学们，“魔法学堂”又和大家见面啦！你们还记得上学期和我们一起学习的小伙伴吗？
PPT依次出示图片：多莉、尼莫、马林、汉克、运儿、贝利，每出现一个人物，同学们就大声说出名字。
今天我们继续和这几位小伙伴踏上“魔法学堂”之旅。</td><td>通过回顾学生熟悉的卡通角色，激发学习兴趣。</td><td>播放PPT</td><td>1分钟</td></tr>
<tr><td>活动1：
快递员汉克</td><td>1. 谈话交流，了解任务。
汉克当上了海底世界的快递员，可是最近他遇到了一件麻烦事：多莉、尼莫和运儿分别订购了玩具，看—玩具收到了。可是快递单上并没有标注收件人是谁。于是汉克找到了他们，想知道每个玩具分别是谁的。</td><td>设置具体情境，激发探究兴趣。</td><td>播放PPT</td><td>1分钟</td></tr>
</table>

续表

教学过程设计				
教学阶段	师生活动	设计意图	技术应用	时间规划
活动 1： 快递员汉克	这里有 3 个礼物盒子（PPT 出示 3 个不同的礼物盒子图片），但是盒子上并没有写哪件是给多莉的，聪明的小朋友们，你们能帮汉克一起猜猜，这些礼物分别是送给哪个小伙伴的吗？			
	2. 理解规则，尝试解决。 （1）3 个小伙伴为了考验汉克，首先提供了从正面看到的玩具图片，能确定每个玩具分别是谁的吗？ 我们根据图形的特点能够判断出中间的这个。 （2）他们又提供了一条线索，这下能确定吗？ （3）还需要什么线索？再提供上面的图片，这下能确定吗？ 打开学生用书。 ①根据从玩具的正面、侧面、上面分别拍摄的照片，确定每个玩具应该送给谁。 ②把玩具和对应的人物连线。 自己独立思考并连线。	学生充分理解活动规则后，按照规则独立完成，提高解决问题的能力。		3 分钟
	3. 反馈交流，提升经验。 （1）请同学分享自己解决问题的过程。 （2）其他同学在此基础上补充说明。	通过学生之间分享交流，总结把三视图与实际物体相关		5 分钟

续表

教学过程设计				
教学阶段	师生活动	设计意图	技术应用	时间规划
活动 1：快递员汉克	(3) 小结：你们是怎样解决这个问题的？ 教师总结：同学们通过全面观察这些立体图形正面、侧面、上面的样子，根据每个图形的特点或根据图形之间的区别，最终解决了问题。	联的方法。		
活动 2：神秘的锁	1. 谈话交流，了解任务。 汉克收到了自己的礼物，里面有 2 个锁和 2 把钥匙，每个锁有 3 个锁孔，同时还有一封信，信上写道：亲爱的汉克，如果你能正确地用钥匙把两个锁都打开，你就能得到宝藏的提示，但如果开错了，那你就什么也不能得到！ 同学们，你们愿意帮助汉克把锁和钥匙匹配上吗？ 	设置具体情境，激发探究兴趣。	播放 PPT	1 分钟
	2. 理解规则，合作完成。 教师介绍，学生理解。 (1) 每把锁上分别有 3 个锁孔，这 3 个锁孔对应一把钥匙，只有能完全匹配 3 个锁孔的钥匙才能把锁打开。 (2) 每人只有一次机会挑战，一次不成功即算挑战失败。 (3) 两人一组，合作完成挑战。 拿出学具，两人一小组，先讨论打算怎样解决，然后动手实践。 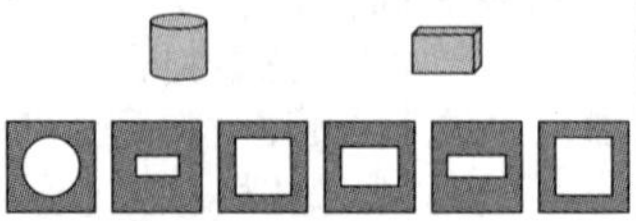	学生充分理解活动规则之后，小组合作实践，培养按照规则做事的意识和能力、小组合作能力。		4 分钟

续表

教学过程设计				
教学阶段	师生活动	设计意图	技术应用	时间规划
活动 2：神秘的锁	3. 分享交流，提升经验。 (1) 以小组为单位分享交流解决问题的过程。 (2) 其他同学补充。 (3) 小结：在帮汉克开锁的过程中，你有什么想和大家分享的经验或者感受？ 预设：首先认真观察每把钥匙的形状，钥匙的正面、侧面、上面分别是什么形状，确定长方体钥匙是开哪 3 个锁孔的、圆柱体钥匙是开哪 3 个锁孔的，然后分别用钥匙的正面、侧面、上面去开和它们形状相匹配的锁孔，钥匙就打开了。 小结：会应用刚才观察物体的方法，从正面、侧面、上面全面地观察钥匙，根据不同面上图形的特点及区别解决问题。	通过分享交流，提升学生推理几何体三视图的方法和经验。		5 分钟
活动 3：宝藏的形状	1. 谈话交流，了解任务。 汉克在同学们的帮助下，成功打开了两把锁，得到了宝藏的提示，顺利地找到了宝藏。 宝藏就藏在这个宝箱里面，观察这个宝箱，你们发现了什么？看来在打开宝箱之前，我们可以看到宝藏的正面、侧面、上面分别是什么样的。 同学们，你们愿意帮助汉克猜一猜宝藏是什么形状的吗？	设置具体情境，激发探究兴趣。	播放 PPT	1 分钟
	2. 理解规则，尝试解决。 依次出示汉克看到的物体正面、侧面、上面的形状，以此为依据，猜一猜宝藏的形状。 宝藏的形状 正面 侧面 上面 正面 侧面 上面	理解活动规则之后，尝试解决，提高推理能力。	播放 PPT	2 分钟

续表

教学过程设计				
教学阶段	师生活动	设计意图	技术应用	时间规划
活动 3：宝藏的形状	3. 反馈交流，拓展思维。 （1）选取代表分享交流想法。 （2）其他同学补充想法。 （3）一定是这样吗？还有可能是什么样子？	初步感受根据三视图推理物体实际形状的不确定性。		5 分钟
归纳总结	我们帮助汉克一起经历了三关考验，你们有什么感受或者收获与大家分享吗？ 今天我们帮助汉克挑战成功。	反思推理过程中的感受与体验，提升推理的思维与经验。		2 分钟

（王园园）

《汉克的大考验》教学反思

一、指导思想与理论依据

数学是研究数量关系和空间形式的科学。义务教育阶段的数学课程是培养公民素质的基础课程，既要使学生掌握现代生活和学习中所需要的数学知识与技能，更要发挥数学在培养人的思维能力和创新能力方面的作用。

思维是人脑对客观事物的本质及其内在规律性联系概括的、间接的反映，属于人脑的基本活动形式。数学思维是人脑和数学对象交互作用并按照一般的思维规律认识数学本质和规律的理性活动，具体来说就是以数和形及其结构关系为思维对象，以数学语言和符号为思维的载体，并以认识发现数学规律为目的的一种思维。

二、教学背景分析

数学与思维模块课程属于 A－S－K 课程体系中的学科攻关课程，是核心素养中数学科技素养的重要方面，是学生态度（Attitude）、技能（Skill）和知识（Knowledge）的综合训练。

（一）课程内容分析

小学二年级数学与思维模块课程以情感态度、知识技能、数学思维、问题解决的培养为主要目标，强调动手操作，重视学生直接经验的积累，开展游戏化教学，提高学生学习数学的兴趣，强化学生的思维训练。

二年级第一学期的数学与思维模块课程共开设 5 个课时，“汉克的大考验”是第 2 课时，属于数学思维训练课。本节课设置了快递员汉克、神秘的锁、宝藏的形状 3 项游戏活动，使学生经历数学推理的完整过程，体验从三视图推理出物体实际形状的过程，能够依据从不同角度的观察推断出对应的简单物体，体验灵活运用知识解决问题的快乐。

（二）学生情况分析

从年龄和心理特点来看，小学二年级学生的思维以具体形象思维为主，他们好动、好表现、喜欢自己感兴趣的事物。

从学习特点分析，二年级学生参与课堂学习的积极性较高，但是受思维能力的限制，他们在知识理解的过程当中存在一定困难。一方面，学生的思维尚处于发展中的阶段，对抽象难懂的理论知识难以理解；另一方面，学生获取知识的渠道过于单一，自主学习能力较差，难以根据事物的外在现象理解其本质内涵。

从思维发展的一般规律分析，小学二年级的学生认知事物主要依赖于直观思维，对事物的感知能力较强，但逻辑推理能力较弱。

针对小学二年级学生思维发展的特点，在教学中要设置大量的操作活动或其他数学活动，调动学生的手、口、眼、脑，引导学生从感性思维向理性思维过渡，使知识不断内化到已有认知结构中，才能在教学过程中有效地促进学生数学思维能力的发展。

（三）我的思考

基于上述分析，我制订了本节课的教学流程（图1－16）。

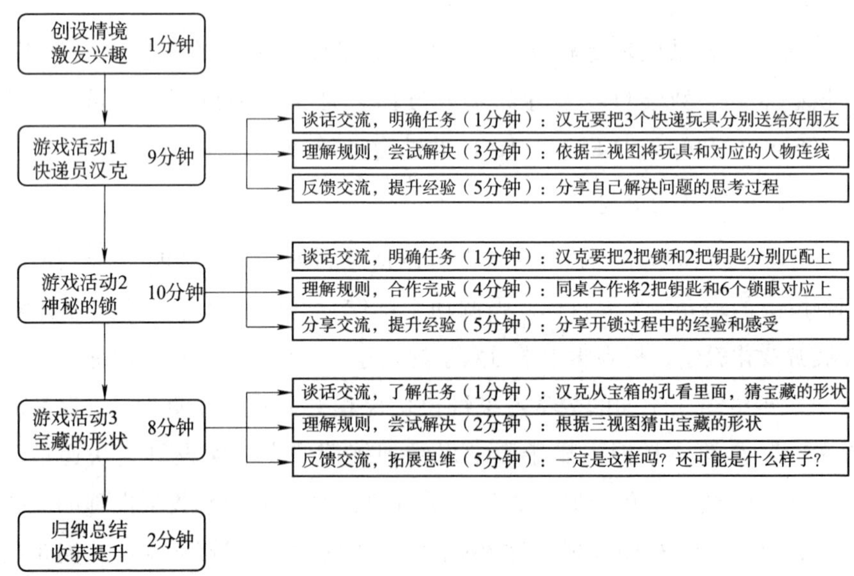

图1－16　教学流程

活动1使学生体会根据正面、侧面、上面观察到的图形能够确定物体的实际形状；活动 2 将这一体会发现演绎推理到解决问题中去，运用其发现将立体图形与三视图相对应；活动 3 经过验证发现知道了三视图的样子，不一定能够唯一确定物体的形状。通过这三项游戏活动，学生完整经历了推理的过程，积累了数学活动经验，增强了学习数学的兴趣，提高了解决推理问题的能力。

三、教学反思

学生经过本学期第五单元“观察物体”的学习，知道从不同方向观察同一物体的形状可能是不同的，会辨认从前面、后面、左侧面、右侧面、上面等不同方位观察到的简单物体的形状，已具备初步的空间观念。在此基础上，本节课以“观察物体”为知识载体，学生在解决相关问题的过程中，经历合情推理、演绎推理的过程，初步获得推理的经验和能力。随着本节课在具体实施过程中的备课、试讲、调整、再试讲、再调整……直到最终的正式呈现，我不断进行深入反思，有了如下的思考和收获。

（一）要营造宽松和谐的学习氛围

心理学家罗杰斯曾说过：“创造活动的一般条件是心理安全和心理自由，只有心理安全才能导致心理自由，也才能导致学习的创造性。”宽松和谐的课堂气氛能有效地提高教学效率，达到教学相长的目的。教师在课堂教学中，要以学生为主体，充分发挥学生的主体作用，激发他们的学习兴趣，调动学习积极性，真正做到教师只是课堂教学的组织者、引导者，学生才是学习的主人。

本节课创设帮助汉克解决问题的现实情境，当学生知道今天又来到“魔法学堂”、又见到了可爱的小鱼们之后，学习热情不由自主地高涨起来。在具体解决三项实际问题时，以任务驱动形式促使学生主动探索，学习的动力不减，反而逐渐递增。教师营造宽松活跃的学习氛围，致力打造和谐课堂，给学生提供充分表达的机会，由学生与学生之间的探讨交流，自然生发对于三视图与几何体的认知。

（二）注重学生课堂体验

A-S-K 课程倡导学生“独立思考—展示交流—归纳总结”的学

习模式，每个学生都是学习的主体，而且是独立的个体，课堂上一定要提供给每一位学生独立探究、充分经历的时间和机会，由此才能构建属于自己的认知结构。

苏联教育家瓦·阿·苏霍姆林斯基认为“儿童的智慧在他的手指尖上”。意思是说儿童多动手操作会促进智力的发展。从脑的结构看，人的大脑皮层的各种感觉和运动部位中，管手的部位所占面积很大，所以手的运动能使大脑的很大区域得到训练。学生的思维离不开动作，动手操作是智力的源泉，是发展的起点。

本节课设置的活动1“快递员汉克”，让每位学生都独立思考之后，自己连线解决问题；活动2“神秘的锁”，引导学生和同桌两人合作，先观察作为两把钥匙的几何体、作为两个锁的6个锁孔，然后用钥匙去开锁；活动3“宝藏的形状”，学生根据从宝箱的3个洞看到的几何体的上面、正面、侧面图形，去猜测、判断宝藏是什么样子的几何体。动手操作体验、尝试解决问题的过程，调动了学生的感官参与，促进手脑结合。帮助学生建立表象思维，把书本内容生动化，让数学学习更加生动形象。

（三）遵循学生认知规律展开活动

学生的知识是通过主体活动建构的，而认知活动是与情感活动、意志活动及个性心理倾向相互促进、协同发展的，学生的认知活动总是遵循从具体到抽象，再到具体的规律，是螺旋式上升的。教育心理学认为遵循学生认知发展规律进行数学教育，就必须激活学生的主体意识，最大限度地调动学生参与学习活动的主动性、积极性与创造性；就必须激活数学知识形态，让学生充分感受与理解知识的发生发展过程；就必须激活学生思维，不断提高学生创造性思维能力。

本学期第五单元刚学过“观察物体”，学生对这一内容非常感兴趣，而且知识与技能的掌握也比较好。本节课利用学生的最近发展区，以“观察物体”为切入点，首先将从上面、正面、侧面观察到的图形与实际几何体相对应，发现它们之间的关系；然后将这一发现运用到开锁游戏中，进而体会三视图与几何体的关系，根据三视图能推理出几何体，根据几何体也能够知道其上面、正面、侧面分别是什么图形；再继续解决根据三视图去想象几何体的样子，发现上面、正面、侧面看到的都是正方形，其实际形状不一定是正方体。这样从实际问题中运用合情推理发现规律，然后将其发现通过演绎推理去解决其他相关问题，最后在解决某些问题时发现结果的不确定性，使学生完整经历推理的过程，发展学生推理的数学思维。

四、改进措施

（一）精心备课，理解课程目标和意义

教学实践证明，备好课是上好课的前提条件，教师备课越充分，教学效果就越好。备课是教师取得教学工作主动权的重要一环，同时也是教师提高教育思想、业务水平和教学艺术的重要途径。

要在深入研读教材、研读学情的基础上，全面准确地把握教学目标。首先对 A－S－K 课程体系做到深入了解，针对本节数学思维训练课，整体上把握授课的干预点，做到懂、透、化。同时还要研读学生情况，研究学生的心理、兴趣、认知状况，把“假如我是学生”作为备课的警示语，考虑到学生的学习需要和学习规律。然后根据教学内容、学生情况，制订适当的教学目标、教学重难点，制订出突破重难点的方法，再进行教具、学具等教学准备。

（二）潜心研究，提高教学调控能力

一节好课的关键在于实施得好，而实施得好的课堂需要教师具有较强的课堂调控能力，这是教师的教学能力，也是教学艺术。善于进行课堂调控的教师，不但可以有效地落实教学计划，达到教学目标，提高教学效果，而且还能大大地增强学生进一步学习的兴趣和愿望。

学生是认知的主体，教学内容是学生认知的客体，选取合适的教学内容是调控好课堂的基本保证；学生是教学的对象，教学策略是学生认知的载体，采取合适的教学策略是调控好课堂的成功保证。现今许多教师都在为打造优质高效的课堂而不懈努力，我们应不断加强教师个人素养，用良好的情感、仪表、举止营造融洽和谐的课堂氛围；

提高语言水平，既要生动形象贴近学生，又要具备科学性、启发性；练就应变能力，妥善处理教学中出现的各种情况，特别是学生稍纵即逝的特别有价值的信息，要及时捕捉，合理利用。

小学二年级学生数学思维能力的培养是个循序渐进的过程，在新课程教学理念的引领下，教师要根据学生思维发展的一般规律开展教学活动，逐渐引导学生在知识探索的过程中开阔思维，才能确保学生数学思维能力的形成。

（王园园）

专家点评

本节课内容是二年级数学与思维教材上册中的思维训练，关注学生推理的思维训练，以教材中的观察物体为基础，借助三视图与实物之间的关系，通过游戏化的设计，让学生在闯关的过程中，经历从合情推理到演绎推理的数学推理的完整过程，并体验灵活运用知识解决问题的快乐。

推理是数学教学中经常性、普遍性的思维活动，也是数学活动中一种最基本、最重要的思维方法，主要包括合情推理和演绎推理，合情推理（包括归纳推理、类比推理），是人们学会发现和发明的方法，是有助于发现的一个推理模式，具有启发性。演绎推理是由一般到特殊的推理。本节课设置了“快递员汉克”“神秘的锁”“宝藏的形状”3 个游戏活动，让学生在游戏攻关中体验推理的过程。授课中，教师能够比较深入地理解课程的定位，设置游戏情境，激发学生兴趣，明确游戏规则，引导学生个人或者合作完成游戏，在此基础上分享交流提升学习经验。

充分考虑了学生年龄特点的课堂节奏和游戏化的学习设计，使学生在每个游戏中都能保持较为集中的注意力，更好地实现游戏对于思维难点的攻关，从而比较好地达到学习目标。建议教师更加深入地体会游戏化教学，重视游戏后的奖励，使学生获得进一步的行为激励，从而让游戏化教学更有效。

（拱雪）

《靠谱的仓库管理员》教学设计

<table>
<tr><td>课程名称</td><td colspan="5">数学与思维：
靠谱的仓库管理员</td></tr>
<tr><td>备课人</td><td>王园园</td><td>上课时间</td><td>2018.12</td><td>授课班级</td><td>二（14）</td></tr>
<tr><td>学习目标</td><td colspan="5">知识与技能：
1. 体会乘法运算的意义。
2. 能从问题情境中抽象出数和数之间的关系，并用运算规则表征出来。
过程与方法：
通过游戏活动让学生理解乘法运算的意义。
情感、态度和价值观：
体验灵活运用知识解决问题的快乐。</td></tr>
<tr><td>重点、难点</td><td colspan="5">理解巩固乘法运算的意义</td></tr>
<tr><td>课前准备</td><td colspan="5">PPT 课件、学生用书</td></tr>
<tr><td>教学方法</td><td colspan="5">活动探究、小组合作</td></tr>
</table>

<table>
<tr><td colspan="5">教 学 过 程 设 计</td></tr>
<tr><td>教学阶段</td><td>师生活动</td><td>设计意图</td><td>技术应用</td><td>时间规划</td></tr>
<tr><td>情境导入</td><td>出示汉克以及仓库图片。
师：汉克在家里建了一个仓库，存放了很多物品，但他每次都为清点仓库里的物品数量而烦恼，他听说研究所里有一位很靠谱的仓库管理员，对清点物品非常熟悉，于是来到了研究所希望向这位仓库管理员学一学。</td><td>设置具体情境，激发学习兴趣。</td><td>播放 PPT</td><td>1 分钟</td></tr>
<tr><td>明确规则</td><td>1. 出示规则。
（1）同桌两人一组，其中一人作为管理员，另一人作为汉克。</td><td>培养学生理解活动规则的意识和能力。</td><td>播放 PPT</td><td>3 分钟</td></tr>
</table>

续表

教学过程设计				
教学阶段	师生活动	设计意图	技术应用	时间规划
明确规则	（2）每轮活动，管理员根据仓库中物品的数量，选择合适的摆放方式，以便他人能较快地清点出物品数量。 （3）汉克根据管理员对物品的摆放情况，说出物品数量。 （4）一轮活动后，两人互换角色。 2. 理解规则。 用学生自己的话来解释规则。			
第 1 轮活动	1. 教师组织并指导学生完成任务。 （1）每组同桌左边的同学作为管理员，看出示的数，然后在学生用书的仓库平面图上涂格子表示货物的摆放情况。 12 ①汉克不能看 ②管理员画图方式 ③交流声音要小 （2）右边的同学作为汉克，根据管理员画图情况，猜出货物的数量。 2. 选取典型图示，进行全班交流分享。 3. 讨论：怎样摆放货物能够让别人快速地数出数量？ 通过讨论交流发现，可以运用乘法口诀“三四十二”或“二六十二”，画成 3 行 4 列、4 行 3 列、2 行 6 列、6 行 2 列，使其他人快速地清点出数量。	培养按照规则做事的意识和小组合作能力。在活动中巩固乘法运算的意义。	播放 PPT	10 分钟

续表

教学过程设计				
教学阶段	师生活动	设计意图	技术应用	时间规划
第2轮活动	1. 同桌两人交换角色，进行活动。 23 ①汉克不能看 ②管理员画图方式 ③交流声音要小 2. 选取典型图示，进行全班交流分享。 3. 讨论：这次怎样摆放货物，能让别人快速地数出数量？ 通过学生讨论交流，发现可以将23表示成形如4×5＋3、4×6－1等“乘加或乘减”的形式，便于其他人快速地清点出数量。		播放PPT	8分钟
归纳总结	在体验仓库管理员的活动过程中，你们有什么感受或者收获与大家分享吗？ 今天我们的“魔法学堂”挑战成功。	反思活动过程中的感受与体验，巩固提升对乘法意义的理解。		3分钟

（王园园）

《靠谱的仓库管理员》教学反思

一、指导思想与理论依据

《义务教育数学课程标准》指出，有效的数学学习活动不能单纯地依赖模仿与记忆，动手实践、自主探索和合作交流是学生学习的重要方式。教师在组织学生小组合作学习时，要重视学生独立思考，使学生个体的自主探索与小组合作相得益彰，以进一步促进学生发展，提高课堂教学质量。

“数形结合”是一种重要的数学思想方法，指的是把抽象数学语言与直观的图形有机结合起来思索，促使抽象思维与形象思维的和谐复合，通过对规范图形或示意图的观察分析，化抽象为直观，化直观为精确，从而使问题得到简捷解决。数学家华罗庚曾作小诗：“数缺形时少直观，形少数时难入微；数形结合百般好，割裂分家万事休。”这足以说明“数形结合”在数学中的重要地位。

二、教学背景分析

数学与思维模块课程属于 A-S-K 课程体系中的学科攻关课程，是核心素养中数学科技素养的重要方面，是学生态度（Attitude）、技能（Skill）和知识（Knowledge）的综合训练。

小学低年级数学与思维模块课程以情感态度、知识技能、数学思维、问题解决的培养为主要目标，强调动手操作，重视学生直接经验的积累，开展游戏化教学，提高学生学习数学的兴趣；优化教学方式，实现学科教学中难点的突破；强化学生的思维训练，实现进阶式培养。

（一）课程内容分析

小学二年级第一学期的数学与思维模块课程共开设 5 个课时，“靠谱的仓库管理员”是第 5 课时，属于一节学科难点攻关课。本节课创设了有趣情境：汉克为仓库里物品摆放而烦恼，去请教动物研究所里一位靠谱的仓库管理员。通过引导学生探究在仓库平面图上摆放物品的方法，帮助学生突破本学期学习的有关乘法意义与乘法运算的重难点。

（二）学生情况分析

学生在本学期的数学课堂上已经通过两个单元的学习，认识了乘法的意义，能正确熟练地背诵乘法口诀，会进行乘法运算，基本能够解决有关乘法意义的简单实际问题，但从问题情境中抽象出数与数之间关系的能力、把握知识本质的能力还有待进一步提高。

小学二年级的学生好动、好表现、喜欢自己感兴趣的事物，参与课堂学习的积极性较高，这是他们的年龄和心理特点，其思维主要以具体形象思维为主。他们对事物的认知，主要依赖于直观形象，对事物的感知能力较强，但理解、运用的能力较弱。在教学中应设置有趣的数学学习活动，调动学生的积极情感，主动投入活动中，从感性思维向理性思维过渡，使数学知识不断内化到已有认知结构中，提高对概念本质的认知。

（三）我的思考

基于上述分析，我制订了本节课的教学流程（图1-17）。

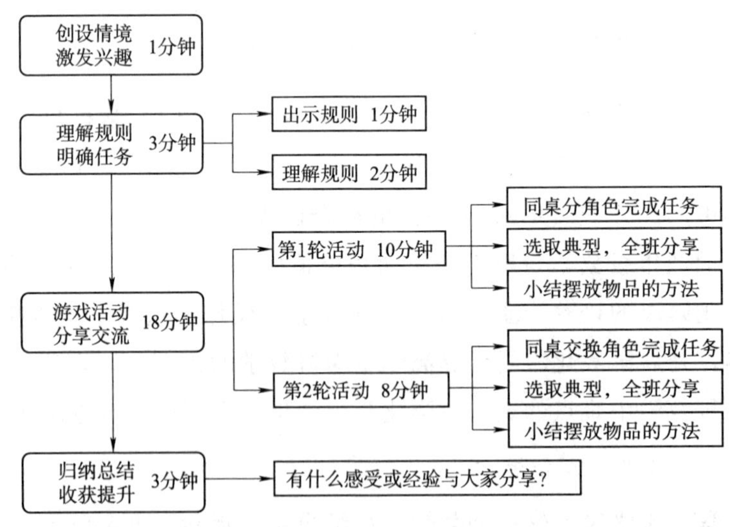

图1-17 教学流程

第1轮活动中，同桌两人中左边的同学为仓库管理员，右边的同学为汉克，汉克捂上眼睛，仓库管理员根据屏幕上老师出示的数据，在仓库平面图中画图表示物品摆放的情况，然后汉克睁开眼睛看图猜出物品的数量；第2轮活动中，同桌两人交换角色，继续游戏。通过两轮游戏活动，使学生从问题情境中抽象出数与数之间的关系，运用图画表征出来，并能够运用运算规则表征出来，理解乘法运算的意义，感受数与形之间的联系，体验灵活解决问题的快乐。

三、教学反思

学生在本节课的游戏活动中，从问题情境中抽象出数和数之间的关系，并用运算规则表征出来。巩固对于乘法运算意义的理解和掌握，体验灵活运用知识解决问题的快乐。在具体的课堂实施之后，我对本节课进行了深刻的反思，以下是我的思考和认识。

（一）营造轻松的课堂氛围，让孩子在快乐中学习

依据 A－S－K 课程理念，只有给学生营造一种和谐融洽的教育环境、宽松民主的课堂氛围，才能激发学生内在的学习需要，才能使他们主动有效地进行学习，把教育活动视为他们自己真正热爱的生活，学生想说、乐说，平等自由对话的局面自然而然就此打开。

本节课创设的生动情境是：汉克遇到摆放物品、清点物品的难题，从而去请教动物研究所里的仓库管理员。与学生展开探讨，激发了学生的学习兴趣；课堂中教师营造宽松融洽的学习环境，以游戏的形式展开活动，并且鼓励学生勇于表达自己摆放物品、清点物品的想法，认真倾听别人的观点，帮助学生体验学习数学的乐趣与方法。把乘法练习题变得通俗易懂、妙趣横生，使学生易于理解和掌握乘法运算的意义。

（二）提供自主探索、合作交流的时空，彰显学生个性，实现创新思维

教学是思想与思想的碰撞，是心灵与心灵的交流，是生命与生命的对话。在练习课教学中，学习方式还是要讲究多样化，教学目标注重互动生成，师生互动、生生互动，让学生在探索中感悟，在相互交流中、在思维碰撞中创新，这样的课堂教学才会涌动着生命的灵性。

课堂上共进行两轮游戏。第一轮游戏中同桌两人中左边的同学作

为仓库管理员看出示的数，在学生用书的仓库平面图上涂格子表示货物的摆放情况；右边的同学作为汉克捂住眼睛不能看到出示的数，而是根据管理员的画图情况猜出货物的数量。第二轮游戏中，左右两位同学交换角色，再次体验。每一轮游戏中，“小汉克”和“小管理员”都是拿到任务后独立思考完成自己的任务，然后两人合作交流，最后全班进行交流分享。

在全班分享的过程中，教师对“小管理员”提出的问题是看到出示的数，你想怎样摆放物品就能让别人快速地知道数量？对“小汉克”提出的问题是：看到这幅图，你怎么这么快就清点出物品的数量了？通过生与生之间的对话交流，学生感悟到从问题情境中抽象出数和数之间的关系，并用运算规则表征出来，巩固了对乘法运算意义的理解和掌握。

（三）精心设计活动，提高学生的数学思维

我们在课堂教学中应尽量做到多一些问题解决，少一些机械操作。如果习题的形式单调（大多是模仿与套用），学生的学习就容易产生消极和疲劳等情绪，富有创意、形式新颖、内容联系实际的趣味活动能促进学生积极思考，提升数学思维的品质，同时体验到寻觅真知和增长才干的成功乐趣。

本节课依据 A－S－K 项目组的指导，教师精心设计活动内容和活动形式，组织学生积极参与活动，并在操作后及时总结，帮助学生积累数学活动经验，将知识内化到自己原有的认知结构中。

课堂中“小管理员”根据给出的数“12”“23”画图表示物品的摆放情况，“小汉克”清点数量（图 1－18）。通过交流总结，“小管理员”看到数之后，首先想到与这个数相关的乘法口诀或者比较接近的乘法口诀，这样就从实际情境中抽象出了数与数之间的关系，然后将“数”在“图”中表示，实现了“数—图”的转化。“小汉克”看到图之后，如果是规则的“几行几列”，立即想到直接运用乘法口诀或乘法算式计算出数量；如果是“几行几列又多几或少几”，就运用乘加或乘减运算来解决，这样实现了“图—数”的转化。每位学生都经历两种角色的体验，化抽象为直观，化直观为精确，数学思维品质得到发展，初步感悟了数形结合的数学思想方法。

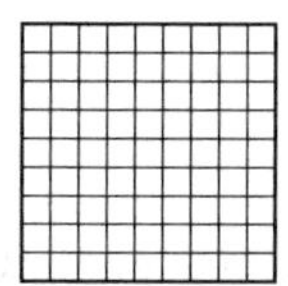

图 1－18　9×9 方格图

四、改进措施

（一）尊重学生已有的知识经验，合理设计活动

学生其实并不是“一张白纸”，在本节课实施之前，学生都已经在第四、六单元的学习中认识了乘法的意义，并会用乘法口诀进行计算，解决一些有关乘法的简单实际问题。那么，在本节课的教学中就要尊重学生已有的知识、方法经验，合理利用他们的经验基础。课堂上通过学生的反馈，教师感觉到活动任务对于学生而言不难，有可能是设计的“12”和“23”两个数确实有点小，在其他班实践时可以换成稍大一些的数，观察一下学生的反应情况。

（二）提高教师语言表达能力，合理有效地组织教学

二年级学生的课堂学习习惯、行为习惯已基本养成，但上课需要怎样认真听讲、怎样积极思考、怎样发表自己的想法、怎样与人合作，等等，这些都要求在课堂上继续一点一点地巩固。孩子最不爱听的是简单而直白的说教，如“请坐正”“怎么还有人在动”对于二年级学生而言，生动、形象且有童趣的教学语言更为重要，如“我又看到一双双充满智慧的眼睛”“我读出了你们眼中的自信”“忍不住要去摸摸你的头”“……真让我感动”。我想，用教师的爱心、耐心、细心来组织教学，用生动的教学语言、肢体语言以及眼神等深深地吸引学生也是我要做出的努力，如此才能促进学生良好行为习惯的养成以及学习方法的掌握。

（王园园）

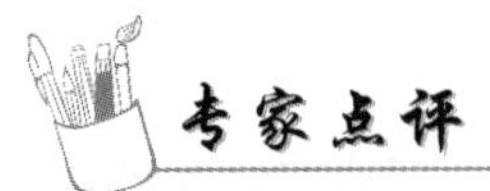

专家点评

本节课要引导学生在已有学习经验的基础上，通过游戏活动帮助学生突破本学期学习的有关乘法运算意义的重难点，体验灵活运用知识解决问题的快乐，发展数学思维。

授课教师通过创设问题情境，引发学生的学习需求，利用“数—算式—图形”的相互转化，数形结合、多种表征促进对知识本质的理解。首先由现实情境中的一个数转化成数与数之间的关系，并用乘法算式表征出来，发展了学生的数感。由乘法算式的含义到图形表征，通过学生的反向思维，帮助学生理解乘法的意义。再从图形的不同角度观察，用不同的乘法算式进行表征，进一步加深对乘法的理解，发展学生的思维能力。

本节课实现了教学方式的转变，教师科学合理地运用游戏化教学的模式，不断激发学生的学习兴趣，使他们主动参与其中，引发学生数学思考；实现了学习方式的转变，在教师精心设计的活动与设问中，让学生经历独立思考、动手操作、合作交流、分享展示等环节，在突破学科重难点的同时实现学生学科核心素养的培养，在理解乘法意义的同时渗透数学思想方法，锻炼思维启迪智慧。此外，还实现了教师从只注重学科知识本身到注重学科本质的转变。

（刘颖）

第二章
A-S-K史家共创课程

A-S-K史家共创课程是将A-S-K课程理念、方法等引入学科教学中，由史家小学的老师自行设计，项目组老师给予指导而形成的系列课程，涵盖数学、语文、英语、科学、道德与法治、美术、音乐等学科。A-S-K史家共创课程既是引进课程校本化的成果，又是学科教学中实现核心素养培养的关键。

第一节 数学与思维模块

《两位数加一位数（进位）》教学设计

课程名称	数学与思维 两位数加一位数（进位）				
备课人	洪珊	上课时间	2019.5	授课班级	
学习目标	1. 掌握两位数加一位数的计算规则与方法。 2. 通过游戏活动培养学生全面有序思考问题的思维品质。 3. 提高学生灵活运用知识分析、解决数学问题的能力。				
重点、难点	重点： 提高学生基本知识技能，让学生初步经历从随意到严谨、从无序到有序的思维过程。 难点： 提升学生数学学习中分析问题、解决问题的能力。				
课前准备	PPT、学生用书、答题卷、小棒				
教学方法	情境教学法				

教学过程设计				
教学阶段	师生活动	设计意图	技术应用	时间规划
课前引入	师：同学们，今天我们要一起到“魔法学堂”中学习数学。		出示 PPT	1 分钟
活动 1	1. 情境设置 师：爸爸带着尼莫去海洋集市采购，路上它们决定把钱放到一起，我们要帮它们算一算一共带了多少钱？ 2. 介绍规则 （1）同桌边摆小棒边说一说计算过程。 （2）摆小棒验证问题：为什么要把 10 根捆成一捆？ （3）边问边写分解式。说一说先算什么，后算什么。		出示 PPT	24 分钟

续表

教学过程设计				
教学阶段	师生活动	设计意图	技术应用	时间规划
活动 1	（4）说说这个问题有什么特点。			
	3. 小组活动 第一轮：爸爸带了 36 元，如果尼莫带了 2 元，它们一共带了多少元？ 第二轮：如果尼莫带了 30 元呢？ 预设：一位数、整十数 第三轮：尼莫实际带了 8 元，我们帮它们算算一共带了多少元。 爸爸说："我想先知道我们的钱数里有几个 10 元？"（引出先把 36 凑成整十数，再把剩下的数相加的方法） 尼莫说："我想先知道我们的钱数里有几个 1 元？"（引出计算 8 加 6 再加 30 的方法）	学生动手操作探究算法获得知识。同桌交流。	小棒操作	
	4. 总结反馈 第一轮、第二轮略，第三轮如下。 方法一： 学生边回忆摆的过程边说出板书分解算式。（先从右边的 8 根小棒中拿出 4 根，和左边的 6 根捆成一捆，凑成一捆是一个十，和原来的 3 个十合起来是 4 个十，再把 4 个十和剩下的 4 个一合起来，就是 44。） 36 + 8 = 44 4 4 40	学生边操作边演示计算过程。		
	师：这个方法是不是解决了爸爸说的"我想先知道我们的钱数里有几个 10 元"？	把教学重难点生活情境化使学生更容易理解。		

续表

教学过程设计				
教学阶段	师生活动	设计意图	技术应用	时间规划
活动 1	方法二： 把 6 和 8 合起来计算。（把左边的 6 根和 8 根合起来，再把它们分成一捆 10 根和 4 根，30 加 14 等于 44 根。） 板书分解式： 36 ＋ 8 ＝ 44 30　6—14 师：这个方法是不是解决了尼莫说的“我想先知道我们的钱数里有几个 1 元”？ 学生订正小卷并思考：这两种方法有什么相同的地方？（都先从个位相加，计算中都用到了凑十法，个位够十就要向十位进 1。） **先圈一圈，再计算** 36＋8＝□ 先算 □＋□＝□ 再算 □＋□＝□ 36＋8＝□ 先算 □＋□＝□ 再算 □＋□＝□	学生通过实际情境学习了计算方法并进行归纳总结。 创设情境，激发学生学习兴趣。		

续表

教学过程设计				
教学阶段	师生活动	设计意图	技术应用	时间规划
活动2	1. 情境设置 海洋市场的商品可真多！尼莫跟着爸爸买水果。 13元　8元 尼莫和爸爸一共要付多少钱？ 2. 个人活动 你在计算时有什么要提醒大家的？（个位满十要向十位进一）	学生在计算应付的钱数时基本计算技能得到了训练。	出示PPT	5分钟
活动3	1. 情境设置 尼莫和爸爸去买文具， 铅笔盒＿6元　转笔刀＿元 铅笔盒的价钱是两位数，转笔刀的价钱是一位数，铅笔盒的价钱个位上是6，它们合起来的价钱是22元？你知道它们分别多少钱吗？ 2. 介绍规则 （1）仔细审题，列出算式。 （2）独立思考，组内交流。 （3）全班汇报交流。	引导学生从不同角度分析问题让学生感受到灵活地解决问题。 迁移生活经验解决问题，提高了学生思维的灵活性。	出示PPT	8分钟
归纳小结	我们今天的“魔法学堂”挑战成功啦！今天这节数学课有什么收获呢？	引导学生关注本节课上的数学体验。	播放“挑战成功”	2分钟

（洪珊）

《两位数加一位数（进位）》教学反思

我在A－S－K项目组专家的引领下，开始了一年级教材内容“两位数加一位数（进位）”一课的教学设计，通过一次次的教案修改和试讲，学生对这节课的兴趣越来越浓厚，A－S－K的课程设计和教学模式使我对数学教学有了新的认识。

一、指导思想和理论依据

A－S－K史家课程强调“以学生为本”，从学生的实际和需要出发进行教学设计和实施课堂教学。在教学设计时要充分考虑学生的认知水平和心理需求，强调学生经验，从日常生活中的数学出发，培养学生对数学的兴趣。

二、教学背景分析

学生在一年级第一学期学习了“20以内的进位加法”已掌握了凑十的方法，又学习了“两位数加一位数，整十数”不进位的加法，对于相同数位才能相加有了一定的领悟。

活动1中第一种方法是基于学生印象深刻的“凑十法”，进行迁移，初步感受“打捆”的好处，建立“进位”的直观表象；第二种算法是“把单根的小棒相加”的算理，更突出了进位的道理，为后续教学做好了铺垫。

三、学情分析

一年级的学生对于小学生活既感到新鲜，又不习惯，好奇、好动、喜欢模仿、特别信任老师，并且有直观、具体、形象等思维特点。这阶段是学习习惯、学习态度从可塑性强转向逐渐定型的重要过渡阶段。

四、教学流程

我针对教学内容，主要设计了3个数学情境（图2－1），第一个游戏活动通过计算尼莫和爸爸一共带了多少钱，使学生在操作中理解算理，掌握计算方法；第二个游戏活动计算购买两种商品一共要付多少钱，使学生熟练掌握计算方法，进行口算；第三个游戏活动是猜商品的价钱，目的是使学生熟练运用所学知识，对所学知识进行拓展延伸。3个游戏活动在创设的尼莫和爸爸购物的情境中环环相扣，层层递进，情境创设符合低年级学生的心理特点和认知特点，时刻吸引学生的注意力，学生在活动中提高了语言表达能力，在知识探索中拓展了思维广度，提高了想象力。

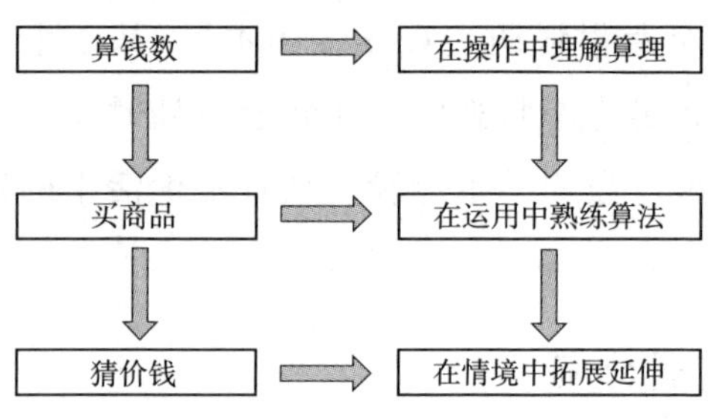

图2-1　数学情境

五、课后反思

在A-S-K课程设计及教学中，我主要有以下几点感受：

第一，学生学习数学越来越有兴趣了。更多的学生参与课堂探究，在课后谈收获的时候由开始的只总结教学中的要点“个位满十要向十位进一”，到踊跃畅谈各种各样的收获和想法，如有的学生说，“我觉得故事很好玩，真羡慕尼莫和爸爸会这么多的数学知识”。还有的学生说“我觉得计算方法中都有整十数加一位数或两位数，这在我们以后的计算中肯定很有用”。说明A-S-K教学方法吸引了更多的学生学习数学的兴趣，更多的学生在课上注意到方法中的过程，并从中领悟到所学知识对今后学习的意义。

第二，学生主动探索新知的积极性提高了。课堂上一些有深度、有难度的知识和问题在A-S-K教学模式中使学生掌握起来更加主动，更加轻松。刚开始备课时，专家告诉我要在过程中有情境，我就给每个练习题设置了闯关故事情境，开始试讲时学生反馈很单一，说明学生学习还是比较被动的。在专家和学校领导的指导下，经过一次次教案的修改，我逐渐把情境渗透到了算理中，并通过创设情境使学生理解教学中的重点和难点。例如，通过 14 个一元中的 10 个一元可以换成 1 个十元，使学生理解个位满十要向十位进一。A－S－K 创设情境的方法，促进了学生对算法的理解，达到了很好的教学效果。

第三，进行教学设计要从学生实际出发。本次参与 A－S－K 教学设计，给我最大的感受就是备课的过程，在这个过程中我体会到教师备课要与学生的真实学情和发展需求高度契合，力求精准，这也是 A－S－K 课程创设情境的目的所在，我感到在备课中要“读懂学生”“以学定教”“学为中心”“为促进学生的发展而教”。我要把这些标准贯彻到今后的备课中。A－S－K 教学使学生能够更好地掌握和运用数学思想方法让数学知识不再枯燥、乏味，让学生的思想上升高度，让数学充满魅力。

（洪珊）

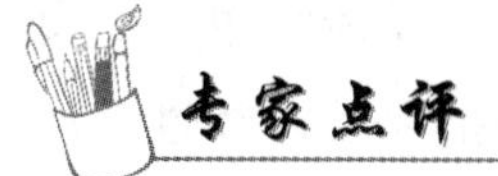

专家点评

本节课是数学学科的一节共创课程。共创课程是将A－S－K课程理念、方法等引入学科教学中，由史家小学老师自行设计，项目组老师给予指导而形成的课程，是A－S－K史家课程中的一类。

本节课为一年级下册中“两位数加一位数的进位加法”一课，本课前学生在上学期学习了“20以内的进位加法”，已掌握了凑十的方法，也学习了“两位数加一位数”不进位的加法，对于相同数位相加也有了一定的领悟。本节课在此基础上要让学生掌握两位数加一位数中的进位。授课教师在明确课程难点的基础上，创设海洋集市采购的情境，设计了算钱数、买商品、猜价格三个游戏，把课程难点分解到游戏环节中，通过特定的任务，逐步搭建思维支架，使学生经历难点攻关的过程，从而掌握两位数加一位数的计算规则与方法，并提高了学生灵活运用知识分析、解决数学问题的能力。

为了设计更符合学生特点及课程内容需求的情境、游戏任务，授课教师与项目组老师进行了多次的研讨和反复的磨课，其间老师逐渐地体会、接受并实践A－S－K课程理念，实现以学生为中心的游戏化的综合学习设计。学生在反复地试讲中也给予教师更多的反馈，他们对数学有了更深入地理解和感悟，对于A－S－K课程的设计与授课方式也表现出极高的兴趣。希望教师在以后的数学教学中，能够利用A－S－K课程的设计方式，解决学科教学中的重点、难点问题，从而提升学科教学的成效。

（拱雪）

《六一联欢会》教学设计

<table>
<tr><td>课程名称</td><td colspan="5">数学与思维
六一联欢会</td></tr>
<tr><td>备课人</td><td>王莹</td><td>上课时间</td><td>2019.4</td><td>授课班级</td><td></td></tr>
<tr><td>学习目标</td><td colspan="5">1. 通过观察、猜测、推理等活动，让学生发现图形和数列的一些简单排列规律，并通过实践活动自主设计图形的排列规律。
2. 培养学生初步的观察能力、分析能力和推理能力。
3. 培养学生探索数学问题的兴趣，发现和欣赏数学美的意识，运用数学去创造美的意识。</td></tr>
<tr><td>重点、难点</td><td colspan="5">重点：
通过口头描述规律，圈出规律的“核心”，通过运用规律、创造规律等方式，让学生理解规律的含义。
难点：
发现规律并表述出来，会运用发现的简单规律确定后一项或者其他缺失的项。</td></tr>
<tr><td>课前准备</td><td colspan="5">PPT、练习纸</td></tr>
<tr><td>教学方法</td><td colspan="5">自主探索、合作交流</td></tr>
</table>

<table>
<tr><td colspan="5">教学过程设计</td></tr>
<tr><td>教学阶段</td><td>师生活动</td><td>设计意图</td><td>技术应用</td><td>时间规划</td></tr>
<tr><td>课前导入</td><td>师：“六一”儿童节，同学们邀请多莉来参加联欢会。</td><td></td><td>PPT</td><td>1 分钟</td></tr>
<tr><td>活动 1：
认识规律</td><td>情境设置：眼看联欢会就要开始了，可多莉却有些伤心，原来她的一条心爱的裙子上掉了一朵小花，没办法穿着它参加联欢会了，你们愿意帮助多莉吗？
师：方框里应该填什么颜色的小花呢？
（1）红蓝红蓝红蓝红蓝红□
（2）红蓝绿红绿蓝绿红红□
（3）红绿蓝红绿蓝红绿蓝□
师：三组小花为什么有的能准确知道最后一朵的颜色，有的却不能呢？</td><td></td><td>PPT</td><td>9 分钟</td></tr>
</table>

续表

教学过程设计				
教学阶段	师生活动	设计意图	技术应用	时间规划
活动1：认识规律	预设：因为第一组和第三组都有重复的部分，都是有规律的，而第二组没有规律。 追问：第一组是怎样重复出现的？第三组呢？ 预设：第一组是"一朵红花、一朵蓝花"重复出现的。第三组是"一朵红花、一朵绿花、一朵蓝花"重复出现的。 小结：像这样按顺序重复出现，我们就说有规律。（板书：规律） 总结：有了这样的规律，我们就可以推测出下一朵是什么颜色的小花了。 师：如果你是多莉，你会选哪组小花呢？ 预设：第一组或第三组。 追问：为什么呢？ 预设：因为第一组和第三组有规律很整齐，很美观，而第二组有些乱。 小结：按照一定规律排列，可以既整齐又美观。	通过对比，让学生从不同中感悟相同，抽象概括出规律的核心，同时学会用语言描述规律。		
活动2：发现规律	1. 情境设置：联欢会开始了，大家唱歌、跳舞、做游戏，可真高兴。快来看看，这里面藏着规律吗？ 2. 任务： （1）仔细观察，有没有刚才那样的规律呢？自己找一找。 （2）把你发现的规律和同桌说一说。	通过多种形式呈现"规律"，让学生体会到找规律可以从许多角度进行，如颜色、大小、数量、性别及其他性质等，虽然属性不同，但规律的核心是"重复"。	PPT	11分钟

续表

教学过程设计				
教学阶段	师生活动	设计意图	技术应用	时间规划
活动 2：发现规律	3. 学生汇报 预设：小花是以一朵红花、一朵绿花为一组重复出现的。（颜色） 灯笼是以 2 个大灯笼、1 个小灯笼为一组，重复出现的。（大小） 星星是以 2 颗星星、3 颗星星为一组，重复出现的。（数量） 师：星星是有规律地排列，这个规律还可以用数表示出来（就是 2、3、2、3、2、3……），虽然数字和图的形式不同，但它们都可以表示相同的规律。 一名男同学、一名女同学为一组，重复出现的。（性别） 师：灯笼、小花、星星，小朋友都是分别从什么角度观察发现规律的呢？ 预设：颜色、大小、数量、性别（板书）。 追问：虽然它们的观察角度不同，你能感受到它们一样的地方吗？ 预设：都是“一组一组”重复出现的。 师：它们都是重复出现的（板书），那重复的部分是什么呢？（圈一组） 我们先看小花的规律是以“一红一绿”为一组重复出现的（板书）。 师：谁能这样完整地说一说灯笼的排列规律？ 你能像这样说一说其他两组的排列规律吗？ 4. 总结：通过刚才的学习，我们认识到按顺序重复排列就是有规律的排列。	结合直观图形的变化规律教学数字的变化规律，使学生感受到“数”和“形”之间的关系。 通过对比，让学生从不同中感悟相同，抽象概括出规律的核心，同时学会用语言表述规律。		

续表

教学过程设计				
教学阶段	师生活动	设计意图	技术应用	时间规划
活动 3： 运用规律	1. 情境设置：联欢会上同学们送给多莉三条美丽的手链。手链是按照一定规律穿的，你们能找到规律吗？ 2. 任务： （1）说出每组排列的规律，圈出重复的部分。 （2）问号盖住的是什么呢？请在正确答案后面画“√”。 3. 学生汇报。 师：观察这三组规律，哪两组的规律相同？ 预设：第一组和第三组。 追问：是什么规律呢？ 预设：都是以 1 个、2 个为一组重复出现的。	不断丰富学生对规律的认识，引发学生想象，从“看到”到“想到”，从“有限”到“无限”。让学生应用规律进行推理，培养学生的推理能力。 使学生感受到虽然使用的符号“形式”不同，但表达的规律是相同的，从而巩固学生对规律的认识。	PPT	8 分钟
活动 4： 设计规律	1. 情境设置：多莉为了感谢同学们的热情款待，也想送给大家一串手链，你愿意帮助多莉设计手链吗？ 2. 任务： （1）请你按照一定规律设计手链，并涂上颜色。 （2）请小伙伴说一说你设计的手链最后一颗珠子是什么颜色的？ 3. 学生汇报 师：其实在我们身边，规律是无处不在的，咱们一起来欣赏吧。	加深学生对规律的理解，同时激发学生的学习兴趣，培养学生的创造性。 使学生感受规律在生活中的广泛应用。	PPT	8 分钟

续表

教学过程设计				
教学阶段	师生活动	设计意图	技术应用	时间规划
归纳小结	多莉和同学们度过了愉快的一天。我们今天的“魔法学堂”也挑战成功啦！ 今天这节数学课，你过得愉快吗？有什么收获呢？			3 分钟

（王莹）

《六一联欢会》教学反思

一、指导思想与理论依据

“探索规律”作为在小学数学教学中渗透函数思想的主要体现之一，是隶属于《义务教育数学课程标准》中“数与代数”领域的正式教学内容，在第一学段和第二学段都有要求。其中第一学段要求学生“探索简单情境下的变化规律”，具体要求是：探索规律实际上就是培养学生的“模式化”思想，发现“规律”就是发现一个“模式”，并能运用多种方法表达“模式”的特点。不仅强调能够发现（识别）规律，也强调对于规律的表征及规律的运用。

二、教学背景分析

（一）课程分析

为了体现《义务教育数学课程标准》的理念，教材从一年级上册就开始渗透探索规律的内容，如通过1个1个、2个2个、5个5个地数数，让学生体验、发现并描述数数过程中的规律；通过整理20以内加法表，让学生探索计算中的规律；在认识图形中，也渗透了最简单的图形排列规律。在一年级下册中的“认识图形（二）”“100以内数的认识”等单元中，也渗透了排列规律。“找规律”是一年级下册第七单元的内容，是学生初次正式学习找规律，这部分内容的学习，对于培养学生的符号感，培养学生的观察、操作及数学推理能力具有重要的意义。

（二）学生分析

学生对于规律已有初步的感知基础。在学前阶段就曾接受过“找规律”这部分知识的启蒙教育，又有前面学习的渗透。因此，学生对于学习简单的图形排列规律这部分内容相对来说还是比较容易的。他们在生活、学习中已经或多或少接触到了一些规律性的现象，只是没有把它作为专项知识进行学习和研究，还没有上升到理论的高度。在教学中要注意引导学生从数学的角度探索、领悟、创造规律。

三、教学反思

根据教学内容和教材的特点以及学生的实际情况，我在教学设计时注重引导学生从数学的角度探索、领悟、创造规律，设计本节课有以下几方面思考：

第一，设计贴近学生生活且富有趣味性的活动，让学生在趣味中欣赏、观察、验证、创造，在美的感受中学习有趣的数学。本节课以多莉和同学们一起参加“六一联欢会”为主线，创设了为多莉修补裙子、布置联欢会会场、赠送手链、设计项链四个情境。让学生在这些贴近生活又富有趣味性的活动中，欣赏、观察、猜想、验证，在美的感受中学习有趣的数学，可以更好地达成学习目标。

第二，“规律”的呈现方式是多样的，既可以丰富学生对“规律”的认识和理解，又可以调动学生学习的积极性，还可以给学生提供创造的空间。在教学中，我从颜色、大小、数量、性别等多种属性为学生提供了丰富的素材，使学生在自主探索中，通过对比发现这种周期性规律的核心——以谁为一组，重复出现，加深学生对于规律的理解。

第三，在教学中除了用语言表述规律外，还要用“摆一摆、画一画、圈一圈”等方式表述，给予学生从直观到抽象、从具体到概括逐步发展的空间。通过“圈一圈、选一选”运用规律把丢失的图形补上等活动，将观察与推理相结合，促进学生不断加深对规律的认识和理解。通过设计手链“画一画”环节让学生自己创造规律，既可以丰富学生对规律的认识和理解，又可以调动学生学习的积极性，还可以给学生提供创造的空间。

四、改进措施

一是学生对于重复排列三次及以上的现象称为规律的认识不是很清晰。有的学生心里明白规律大体是什么意思，但用语言表达还是不太准确，还需要进一步培养学生的语言表达能力。

二是学生对于闭合的规律的认识不深刻，仅仅能看到一种，而看不到其他规律。所以，在教学中要进一步强化什么是规律，只有正确地认识规律才能够掌握规律的本质含义。

三是学生对活动，尤其是设计手链的活动充满了兴趣。学生积极性很高，但是由于时间有限，课上并没有让学生展示和表达得很充分。在今后的教学中要加强数学活动的设计，并留出充足的时间让学生创造和表达。

专家点评

本节课以“探索规律”为主题，引导学生对一组给定的事物进行观察，找出并描述这组事物中存在的规律，同时发现这组事物都是按同一规律延伸的，从而应用于实际数学问题中。学生能够初步领悟到一组事物通过其规律性可以无限延伸的数学思想。

在“魔法学堂”的大背景下，授课教师创设了多莉参加联欢会的情境，激发学生学习兴趣的同时，有效地将数学与生活紧密相连。在教师的引导下，学生依次完成修补裙子、布置会场、赠送手链、设计手链四个层层递进的任务。教师准确地把握学生的疑惑点，利用精准的设问和多样的操作，突破重难点，引发学生主动思考，在自主、合作、探究的学习过程中发现规律、运用规律、创造规律。

通过本节课的学习，学生发现了颜色、数量、形状、性别、汉字等多种事物中存在的“周期性”规律，而且能够用圈、摆、画、说等多种方式表述规律，发现这组事物是按同一规律无限延伸的，从而应用于实际数学问题中，感受到数学之美。授课中教师布置了设计手链的活动，可适当给予学生更多自由思考和表达的空间，让学生的思维进一步深入，初步感受问题的开放性。

（杨扬）

《解锁密码箱》教学设计

<table>
<tr><td>课程名称</td><td colspan="5">数学与思维
解锁密码箱</td></tr>
<tr><td>备课人</td><td>董祎</td><td>上课时间</td><td>2019.4</td><td>授课班级</td><td>二（7）</td></tr>
<tr><td>学习目标</td><td colspan="5">知识与技能：
体会除法运算的意义。运用不同的表征方式表示平均分的过程，并能用平均分的方法解决问题。
过程与方法：
通过学生在问题情境下的自主探究，理解除法运算的意义。
情感、态度和价值观：
在解决具有挑战性的问题中，体验灵活运用知识解决问题的快乐。</td></tr>
<tr><td>重点、难点</td><td colspan="5">运用不同表征方式表示平均分的过程，并能用平均分的方法解决问题。</td></tr>
<tr><td>课前准备</td><td colspan="5">PPT 课件、学习单</td></tr>
<tr><td>教学方法</td><td colspan="5">自主探究、合作交流</td></tr>
<tr><td colspan="6">教学过程设计</td></tr>
</table>

教学阶段	师生活动	设计意图	技术应用	时间规划
情境导入	出示多莉准备生日聚会的图片。 师：今天是多莉的生日，她一大早就在家门口看到了朋友们秘密为她准备的生日礼物，高兴极了！你们知道多莉收到了什么生日礼物吗？多莉也想知道密码箱里面是什么礼物，可这是个密码箱，要想解锁密码就要知道算式的得数。这可难住了多莉，你们愿意帮助她吗？	设置具体情境，激发学习兴趣。	播放 PPT	1 分钟
明确规则	1. 出示规则 （1）计算正确就能顺利打开密码箱。 （2）你打算怎样解决？ 把你的思考过程用喜欢的方式表示出来。 2. 理解规则	培养学生理解活动规则的意识和能力。	播放 PPT	3 分钟

续表

教学过程设计				
教学阶段	师生活动	设计意图	技术应用	时间规划
学生活动	密码箱：56 ÷ 4 = 学生自主探究完成任务。 发现有问题的小组及时给予指导帮助。	培养按照规则做事的意识和能力、小组合作能力。在活动中巩固对除法运算意义的理解。		9 分钟
展示交流	1. 小组交流。 2. 全班分享。分类并对不同的表征方式进行反馈交流。 3. 巩固练习。52 ÷ 13 =	学生可以通过语言描述思考以及解决问题的过程。	实物投影	5 分钟
归纳总结	在帮助多莉打开密码锁的过程中，你们有什么感受或者收获与大家分享吗？ 今天我们的“魔法学堂”挑战成功。	反思活动过程中的感受与体验，巩固提升对除法意义的理解。		2 分钟

（董祎）

《解锁密码箱》教学反思

一、指导思想与理论依据

《义务教育数学课程标准》指出：通过义务教育阶段的数学学习，学生能获得适应社会生活和进一步发展所必需的数学的基础知识、基本技能、基本思想、基本活动经验；了解数学的价值，提高学习数学的兴趣；并且能够运用数学的思维方式进行思考。

数学与思维模块课程属于A-S-K课程体系中的学科攻关课程，是核心素养中数学科技素养的重要方面，是学生态度（Attitude）、技能（Skill）和知识（Knowledge）的综合训练。

小学低年级数学与思维模块课程以情感态度、知识技能、数学思维、问题解决的培养为主要目标，强调动手操作，重视学生直接经验的积累，开展游戏化教学，提高学生学习数学的兴趣；优化教学方式，实现学科教学中难点的突破；强化思维训练，实现进阶式培养。

二、教学背景分析

小学低年级的学生正处于前运算阶段后期，思维活动有具体性的特征，因此数学教学要实现引发学生对数学相关事物的好奇心，能够从日常生活中发现和提出简单的数学问题，并尝试解决。

（一）课程内容分析

“解锁密码箱”是数学与思维模块二年级下册的学科攻关课程。本节课的设计源于学生对除法意义的混淆。学生在这节课中能够体会除法运算的意义，运用不同的表征方式表示平均分的过程，并能用平均分的方法解决问题；通过学生在问题情境下的自主探究，理解除法运算的意义；在解决具有挑战性的问题中，体验灵活运用知识解决问题的快乐。

除法是小学数学计算教学的重要组成部分，表内除法是学习除法的基础，而“除法的初步认识”又是学生学习除法的开始。因此学生对除法意义的理解及对除法的兴趣将直接影响到后面的学习。

（二）学生分析

在平时教学中，我们发现学生在遇到除法问题时往往能够迅速说出结果，因为乘法已经夯实了基础，那么除法的意义他们真的理解了吗？课上确实发现有些同学暴露出了问题，平均分的方法不太明确，乘法口诀写出的两个除法算式任意使用不能与题目要求对应。因此，本学期 A－S－K 课程数学学科攻关的重难点定位在除法的意义。

三、教学反思

为了体现 A－S－K 的课程理念，“解锁密码箱”一课通过游戏化教学，让学生经历独立思考、合作交流、分享展示等环节，优化教学方法，在突破学科重难点的同时实现核心素养的培养。

开始我们在设计这节课的时候，想让学生感受到除法就是在平均分，但是在试讲和平时上课中我们发现：学生都会乘法口诀了，在要求平均分的时候都觉得没有分的必要了，也没有兴趣。由此我们设想，能不能让他们挑战一道不会的除法题，不能用乘法口诀解决的，看看能不能唤醒他们运用平均分的意识和方法。通过这次的课程尝试，带给我的反思还是挺多的，以下为其中最主要的两点。

（一）在问题情境下，激发学生动手操作、自主探究

喜欢动手操作是孩子的天性，具体形象思维是他们认知的特点，所以这节课一定要让学生动起手来。但在试讲过程中，大量的学具操作，有时反而会造成学生操作混乱。我认为在数学活动中的实物操作虽然可以激发学生参与数学活动的兴趣，但更重要的是帮助学生体验、理解数学的知识。所以我调整了学具的使用，在纸上写一写、画一画，用自己喜欢的方式表示出思考过程。

在反馈探究结果时我们发现，不管学生使用哪种方法都是在平均分，进一步理解了除法运算的含义。我们在课堂中主要突出了实际运用平均分的方法，让孩子能够掌握最基本的这两种平均分方法。也有一些孩子已经具备了一定的抽象概括能力，能想到其他表示平均分的

方法，我们也积极地予以肯定。

（二）解决挑战性的问题中，体验灵活运用知识解决问题的快乐

在真的遇到不能解决的除法问题时，孩子们都在尝试努力想办法，在操作中探索规律，建立概念，这样将兴趣激发、思维训练、能力培养融为一体，使知识充满内在活力。在整个活动过程中，不仅有方法的提升，而且能够经历自主探究、勇于探索的过程，收获成功的喜悦！

四、改进措施

（一）精心设计，游戏有趣有吸引力，过程更具有挑战性

经过调整后，虽然摒弃了学具的操作，但是明显地，学生的兴趣提高了，自主探究气氛浓厚了。在遇到没法解决的除法问题时，同学们都在努力想办法，不管是哪种方法都是在平均分，进一步理解了除法运算的含义。

（二）注重思维培养，建立概念

以繁代简，在操作中探索规律，建立概念。这样将兴趣激发、思维训练、能力培养融为一体，使知识充满内在活力，让学生在整个活动过程中不仅有方法的提升，还能够体验经历自主探究、勇于探索的过程，收获成功的喜悦！

（董祎）

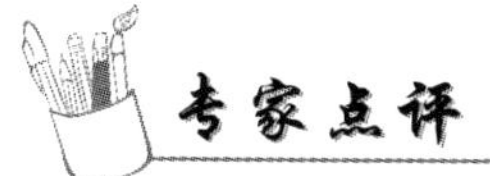

本节课以“解锁密码箱”为主题，通过游戏化教学，使学生体会除法运算的意义，运用不同的表征方式表示平均分的过程，并用平均分的方法解决问题。将兴趣激发、思维训练、能力培养融为一体，在突破学科重难点的同时也体现了 A－S－K 的课程理念。

授课教师由“魔法学堂”情境进行导入，让学生快速地进入“魔法学堂”的学习状态。通过学生在问题情境下的自主探究，让学生经历独立思考、合作交流、分享展示等环节，层层深入，激发二年级学生不断进行思考。授课中教师能够把握每个阶段的关键点，采用游戏化教学方式，提高学生学习数学的兴趣；优化教学方式，实现学科教学中难点的突破；强化思维训练，实现进阶式培养。

通过本节课的学习，学生不仅深化了对“除法的运算”“平均分”概念的理解，而且在解决具有挑战性问题的过程中感受到灵活运用知识解决问题的快乐。授课中教师注重学生的积极参与，但仍需要进一步从学生的角度来进行教学设计，关注学生已有的知识经验，在把握关键问题的同时适度追问，引发学生深入地思考，关注数学本质，进一步实现核心素养的培养。

（周霞）

第二节　语文模块

《动物儿歌》教学设计

<table>
<tr><td>课程名称</td><td colspan="5">语文
动物儿歌</td></tr>
<tr><td>备课人</td><td>张珷轩</td><td>上课时间</td><td>2019.4</td><td>授课班级</td><td>一（6）</td></tr>
<tr><td>学习目标</td><td colspan="5">1. 借助汉语拼音、课文彩图和生活经验，认识“蜻、蜓”等12个生字；会写“迷、造、运”3个字。
2. 正确朗读儿歌。
3. 归类认识带有虫字旁的生字，识记形声字。</td></tr>
<tr><td>重点、难点</td><td colspan="5">1. 有节奏地朗读儿歌。归类认识带有虫字旁的生字。
2. 通过表演，了解小动物的一些生活习性。</td></tr>
<tr><td>课前准备</td><td colspan="5">1. 多莉的贴图。
2. “魔法学堂”PPT。
3. 学习单。</td></tr>
<tr><td>教学方法</td><td colspan="5">游戏探究、师生互动</td></tr>
<tr><td colspan="6">教学过程设计</td></tr>
<tr><td>教学阶段</td><td colspan="2">师生活动</td><td>设计意图</td><td>技术应用</td><td>时间规划</td></tr>
<tr><td>课前导入</td><td colspan="2">师：同学们，在上学期的“魔法学堂”里，我们认识了一个患有“健忘症”的小伙伴，她叫什么名字？——多莉。（将多莉的贴图贴在黑板上）
师：春暖花开了，小多莉和它的伙伴们一起去春游，在春游途中小多莉听到了一首非常好听的儿歌，这首儿歌就在语文书中。请你打开语文书，自己读读这首动物儿歌，注意借助拼音把字音读准确，把句子读通顺，开始读吧。
生：读课文。
师：谁来读一读这首儿歌，其他同学一边听一边给他检查，比比谁听得最认真。</td><td>充分理解活动过程，激发活动兴趣，同时通过卡通人物角色的引入，更好地调动学生的积极性。</td><td>“魔法学堂”PPT</td><td>5分钟</td></tr>
</table>

续表

教学过程设计				
教学阶段	师生活动	设计意图	技术应用	时间规划
课前导入	生：读儿歌。 师：谁来评一评。 生：评价。 师：指名读——自己读。			
“我是谁”	实践活动 1：我是谁 师：你们读书的声音真洪亮，多莉想请你们帮助她认识一些新朋友，我们一起来看看多莉带来的第一个关卡吧。 小多莉在春游中拍下了许多小动物的照片，但是她的记忆力不好，照片拍完后就忘记了这些动物的名称，你能帮助小多莉把这些新朋友的照片和他们的名字连上线吗？ 我是谁？ 蜻蜓 蝴蝶 蚯蚓 蚂蚁 蝌蚪 蜘蛛 ——关卡1—— 师：将词语与图片连线，出示一个一起读一个。 生：读词语。 师：你们帮助小多莉认识了这些新朋友，那么这些新朋友的名字你们都会读了吗？我们一起来读读吧。 师：出示词卡，指名读词卡，如果学生不认识可以将词卡的背面贴上动物的图片，看一看动物的图片，读一读词语。 师：读完将词卡贴在黑板上。 生：一起读词语。	通过初读课文，借助图片初步认识生字和新词，并且能够将词语和相关图片进行连线。 初步认读感知词语，认识相关的昆虫形象。		5 分钟
“寻找消失的碎片”	实践活动 2：寻找消失的碎片 师：同学们，我们帮助多莉认识了这些新的动物朋友，那再来玩一个看图拼字猜词语的游戏吧！信封里有一些汉字的碎片，请你看着屏幕上的图片，			

续表

教学过程设计				
教学阶段	师生活动	设计意图	技术应用	时间规划
“寻找消失的碎片”	利用碎片上的内容拼出汉字，猜猜这是哪个词语，快动手摆摆看吧！ 寻找消失的碎片 信封里有一些汉字的碎片，请你看着屏幕上的图片，利用碎片上的内容拼出汉字，猜猜这是哪几个词语，快动手摆摆看吧！ 青 虫 知 虫 朱 虫 廷 虫 ——关卡2—— 师：你猜出这是什么词语了吗？ 生：举起手中的部分进行汇报。 蜘蛛　蜻蜓 师：请你观察一下这些词语有什么共同的特点呀？ 生：他们都带有虫字旁。 师：你观察得真仔细。为什么它们都带有虫子旁呢？ 生：他们都是昆虫。 师：这里面蜘蛛是节肢动物，所以它们都是动物家族的成员。你还有什么发现？（再读一读这些词语） 生：他们都是形声字。 师：你真会思考，像这样由两个部分组成，一部分表示字的意义，叫形旁（也叫义符）；另一个部分表示字的读音，叫声旁（也叫音符），这样的字就叫形声字。除了黑板上的这些字，这一课中还有很多形声字呢！请你打开语文书，自己再来读一读课文，找一找课文中还有哪些形声字，在形声字的下面画上△，开始读吧！ 师：谁来说一说。 生：粮、房、迷、运…… 师：看来同学们都熟悉了形声字的造字方法。据统计，现代汉字中有90%都属于形声字。	在初步认识词语的基础上，将形声字的形旁和声旁进行拆分，通过拼字游戏使学生初步认识形声字的造字规律。 通过多种形式呈现形声字的造字规律，孩子们将这一规律进行运用，从课文中找出其他的形声字，达到了对知识的迁移与运用。		10分钟

续表

教学过程设计				
教学阶段	师生活动	设计意图	技术应用	时间规划
“寻找消失的碎片”	如果你还想认识更多的形声字，可以利用课下的时间自己去发现。			
“火眼金睛”	实践活动3：火眼金睛 师：同学们，小多莉来到了树林中，她看到蜘蛛网上有许多神秘的符号，请你帮助多莉从这些符号中找到“网”这个字吧。 师：你是怎么发现的呢？ 生：通过观察发现“网”的字像一张大网。 师：你真会观察，都有一双慧眼。这就是甲骨文的“网”字，甲骨文是刻在龟壳或者兽骨上的象形文字，这些文字与所代表的东西，在形状上很相似。甲骨文“网”字，就像一个捕鱼的大网，特别生动形象。 师：那剩下的这些象形字你们能不能猜猜它们都是哪些字呢？ 师：说一说象形字的记字规律。 师：在我们的汉字王国中还有很多象形字呢，善于学习的学生可以课下自己找找这些汉字的演变规律，然后再跟张老师交流，你还可以当小老师给同学们讲一讲。	通过“网”字的演变，使孩子们初步了解甲骨文的造字规律，并且补充了相关的甲骨文知识，提高了孩子们的学习兴趣与探究兴趣。 使学生感受到汉字的神奇，有了继续学习和了解的兴趣。		7分钟

续表

教学过程设计				
教学阶段	师生活动	设计意图	技术应用	时间规划
"美丽的花园"	实践活动4：美丽的花园 师：小多莉来到花园里，看到了五颜六色的花朵，其中有三朵花和花丛里其他的花朵不一样，你们快来看一看，读一读花朵上的生字吧！ 师：请你观察一下这三个生字，它们有什么共同点呢？ 生：它们都是半包围结构的字，它们都有走之旁。 师：你真会观察，半包围的字在写的时候里面的字要写得小一点，走之旁要把里面包住。 师：谁来说一说你有什么好办法记住"迷"这个字？ 生：我是用加一加的方法记住迷字的。 我是用减一减的方法记住迷字的。(字谜的谜减去言字旁) 我是用组词的方法记住迷字的，迷宫的迷。 师：你有什么好方法记住"造"呢？ 生：我是用换一换的方法记住造字的。 我是用组词的方法记住造的。造句的造。 师：谁能说一说我们怎么能写好这些字呢？ 生：造、迷、运。 师：半包围结构的字里面的字要写得小一点，走之旁包住米、告、云。米的最后一笔是点。	通过观察三个半包围结构的字来进行多种方式的识记。 引导孩子观察相同结构汉字的相同点与不同点，学会使用多种方式识记汉字。 观察后进行书写，更要提醒学生重视书写姿势。		6分钟

续表

教学过程设计				
教学阶段	师生活动	设计意图	技术应用	时间规划
“美丽的花园”	师：你们真会观察，下面请执笔坐好，认真观察老师范写。 我的粉笔转、转、转，我的眼睛看、看、看。 教师范写。“迷”：先内后外，横折折撇从横中线起笔。 “造”：先内后外，“告”的第二横写在横中线上，平捺要舒展。 “运”：先内后外，“云”的撇折写在中心点往上一些。			
归纳总结	师：这节课我们认识了好多的新朋友，还学习了三个生字，请你把这些生字朋友送回原文再来读一读这篇课文，同时想一想你学完这节课有什么收获呢？ 生：说收获。认识了动物的生活习性，学习了形声字的记字规律，学习了生字。 师：今天这节语文课我们与多莉一起学习了生字，阅读了课文，并且闯关成功。这节课我们就上到这里，下课！	在课堂的最后设计归纳小结环节，希望孩子养成总结归纳的好习惯，通过叙述自己的收获回忆了整节课的内容，起到了总结归纳的效果。		3分钟

（张斌轩）

《动物儿歌》教学反思

本节《动物儿歌》共创课程是传统的语文课程和A－S－K课程体系的融合课程，是一次新的尝试，课程以多莉和小伙伴去春游引入，通过四个游戏活动，帮助孩子们准确认读生字，了解形声字的造字规律并且激发孩子们的识字兴趣。

一、指导思想和理论依据

《义务教育语文课程标准》指出，低年级的识字教学要让学生“喜欢学习汉字，有主动识字的愿望”。由此，课程应依据文本特点，借助生动有趣的语言环境，以形声字教学为主体，着力体现识字教学的多样化。教学中，将分类识字与随文识字紧密结合，引导学生自主发现汉字特点，循序渐进地掌握形声字的造字规律，使学生在情境中识字，在画面中感知，在通读中理解，在游戏活动中习得识字方法，从而激发学生的识字兴趣，从喜欢汉字到自主识字。

二、教学背景分析

2018年9月起，史家小学一年级学生就正式开始A－S－K课程的学习。在第一学期，学生已经完成注意力、适应与自信、儿童哲学的课程，对A－S－K课程的学习非常感兴趣。所以，在此基础上本学期我们与北京教科院的老师进行了共创课程的研究，旨在将A－S－K的教学方法与语文学科进行有效的融合，使孩子们在游戏中习得识字方法，并且激发孩子们自主识字的愿望。

（一）课程内容分析

《动物儿歌》是一首充满童趣的儿歌，介绍了6种小动物的生活习性，教材还配有生动有趣的彩图，展现了动物活动美好快乐的画面。儿歌中的小动物一半是昆虫，本课要求认识的生字中也有6个是虫字旁的字，而且是左形右声的形声字，在教学中引导学生了解形声字的特点，有效识记生字。儿歌的特点是有节奏、有韵律。本课儿歌每一句都是以“谁在哪里干什么”的结构组成的，因此应引导学生在多种形式的朗读中感受儿歌的节奏和韵律，培养学生的语感。

本课分两课时完成。我上的是第一课时，这节课的教学目标包括：

一是借助汉语拼音、课文彩图和生活经验，认识“蜻、蜓”等 12 个生字；会写“迷、造、运”3 个字。二是正确朗读儿歌。三是归类认识带有虫字旁的生字，识记形声字。

（二）学生分析

一年级学生在思维方式上具有好奇心强、喜爱动手操作的特点，容易被游戏活动吸引，容易接受直观形象的知识，孩子们通过第一个学期的学习，有了借助拼音读准字音的能力和独立识字的兴趣。但是由于低年级学生认知水平差异较大，经过课前的调查，我发现班级孩子们对形声字并没有准确的认知，并且对归类识字这一方法掌握得并不是很扎实。

在设计时我采用 4 个闯关活动将不同的识字方法渗透其中（图 2－2）。

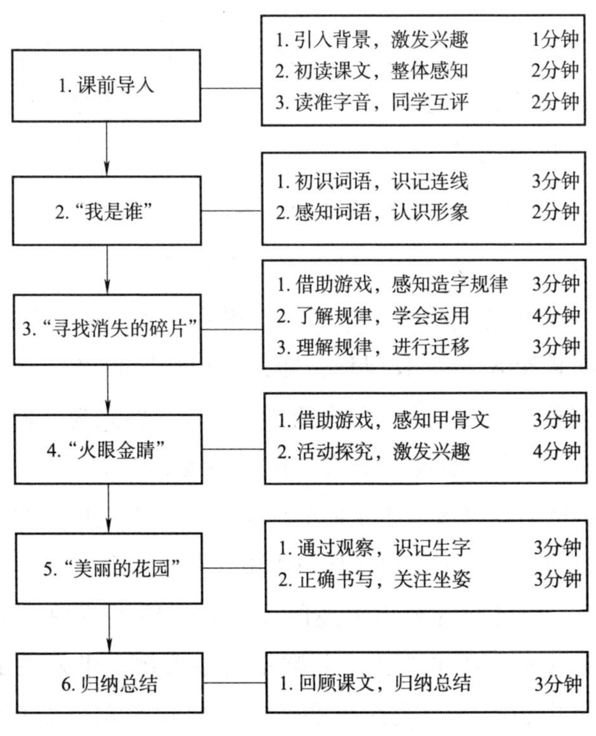

图 2－2 课程设计

第一关“我是谁”，让孩子根据图片初识生字并借助词卡认读生字。第二关“寻找消失的碎片”，让学生在拼字猜词的活动中感知形声字的造字规律，发现形声字的特点，并能够从原文中找到其他的形声字，做到知识的迁移。第三关“火眼金睛”，则采用字理识字，结合汉字演变图发现象形文字的特点来识记汉字。最后一关“美丽的花园”，让孩子会识会写3个带有走之旁的字，使学生掌握半包围结构的字的书写方法。孩子们通过这堂课的学习掌握了多种识字方法，同时有了探索汉字的兴趣。

三、教学反思

A－S－K课程与语文学科的共创课程是本学期新增设的，是把孩子们喜爱的动画形象引入语文课文的情境之中，创设各种情景使孩子们发动已有的能力帮助各种人物解决问题，从而达到习得知识、引发探究思考的目的。

由于这是一次全新的尝试，目前并没有成熟的课程模式可以进行参照，所以这也只是我对此次共创课程教学一些思考，我将从以下三个方面谈一谈我的反思。

（一）如何借助游戏有效地进行识字教学

我们都知道一年级学生在思维方式上具有好奇心强、喜爱动手操作的特点，容易接受直观形象的知识，更容易被游戏活动所吸引。第一学期，我在教授A－S－K课程“注意力模块”以及“适应与自信模块”中就发现孩子们对一个又一个闯关游戏非常感兴趣，而且这些游戏会深深地留在孩子的脑海里。其实，在一年级的语文教学中，老师们也会用各种有趣的游戏来吸引学生们的注意，提升课堂的效果。所以，在共创课程设计初期，我就在思考如何将游戏有效地引入识字教学中。

《动物儿歌》是一首充满童趣的儿歌，介绍了6种小动物的生活习性，还配有生动有趣的彩图。儿歌中的小动物一半是昆虫，本课要求认识的生字中也有6个是虫字旁的字，而且是左形右声的形声字。所以在设计教学时我采用“我是谁”这一游戏活动，利用孩子们乐于帮助他人解决问题的特点，让孩子们通过游戏帮助多莉认识这些昆虫的名称并和这些生字做朋友。在看图连线的过程中既认识了昆虫的样子又识记了昆虫的名称，提高了识字教学的效率。

（二）如何使学生形象地理解形声字的造字规律

最初的设计中，在识记形声字的造字规律这一环节我让学生们将缺失的部分填写完整，通过填写部分引导孩子们发现形声字的造字规律。但是在试讲了几个班级后，我发现孩子们对单纯的书写兴趣不大，而且对于一年级的孩子们来说这样的设计有些难度，孩子们很难用自己的经验概括出形声字的特点。所以我做了以下调整，准备每人一个信封，信封里有一些汉字的碎片，请你看着屏幕上的图片，利用碎片上的内容拼出汉字，猜猜这是哪个词语。这一调整旨在让孩子通过自己动手摆生字这一活动，在初步认识词语的基础上，将形声字的形旁和声旁进行拆分，通过拼字的游戏使学生初步认识形声字的造字规律。在思考摆放的过程中，学生形象直观地了解了形声字的造字规律。

四、改进措施

A－S－K 共创课程是一次全新的教学探究，更是一次新的教学模式变革的尝试，所以面对全新的理念需要我不断地思考和调整，在实施过程中也存在着很多不足，我认为在接下来的课程实践中还要从以下几个方面不断思考与改进，从而使教学效果不断提升。

（一）设计教学环节有侧重有取舍

在语文教学中明确每堂课的教学重点、难点是老师首先应该做的，那么 A－S－K 的共创课程也不例外，由于在设计初期，我想着将大量的游戏活动融合进课程中，但是结果并不理想，反而制约了孩子们的学习广度。因此，我认为游戏活动只是学习过程中的一个载体，并不能完全取代传统的教学流程，一堂课只有有所侧重才会让学生学有所获。

（二）有效整合 A－S－K 课程与语文教材内容

A－S－K 课程的设置非常符合低年级学生的接受水平，同时也非常吸引学生们。比起传统的课堂，学生们更喜欢A－S－K的课堂模式。所以，在进行A－S－K课程教学的同时，我也在思考如何有效整合A－S－K课程与语文教材内容。

在讲授A－S－K课程注意力模块时正好是拼音教学的时期，而且注意力模块中有许多小的游戏也可以加以改进成为拼音教学的好助手。所以，在拼音教学时我也运用了一些提高孩子们注意力的小游戏。比如，找出通关密码。就是让孩子们在散落的拼音字母中找到可以拼成词语或者语句的字母，成为通关密码，就可以解救出被困的小动物。学生们非常喜欢这样的游戏活动，在进行游戏的同时不但提高了学生对拼音学习的兴趣，更让学生在游戏中运用了拼音。

另外，帮助小鱼多莉解决问题是A－S－K课程适应力模块的一大特点，这也让我联想到我们语文学习中的角色扮演。一方面，角色扮演是一种深受小学低年级学生喜爱的语文学习方式，更是一种在语言实践中学习语言的好方法，它能激发学生的学习兴趣，让学生成为学习的主体，让语文课活起来。另一方面，天真活泼好动的儿童有很强的想象力和表现欲，他们也非常喜爱表演课文的活动。因此，在教学中，教师常常会根据课文的内容，请学生演一演，运用角色扮演让学生在表演中体验文本中人物的性格特征。而A－S－K的课程正是在角色扮演的基础上，让孩子将自己的行为态度注入其他的角色中，让孩子和动画中的形象进行一定的沟通，帮助它们解决问题的过程，其实也是潜移默化地规范自己行为的过程。所以，我们在教育孩子养成好习惯时，也可以用角色扮演创设情境的办法，引导孩子们发现自己或者其他同学身上的小毛病，然后更好地进行解决。

（张斌轩）

本节课是一节小学一年级识字课与 A－S－K 课程体系的融合课程。教师引导学生借助图片和生活经验认识本课生字，通过游戏归类认识带有虫字旁的生字，识记形声字，会写“迷、造、运”3 个字。

授课教师在课堂上引入了 A－S－K 课程中的人物“多莉”，设计了“我是谁”“寻找消失的碎片”“火眼金睛”“美丽的花园”4 个游戏环节，在字音、字形、字理、识记和书写方面帮助孩子突破了学习的难点。尤其是“寻找消失的碎片”这个游戏中，学生带着探究发现的目标，在完成游戏的过程中认识了本课生字，发现了这几个形声字造字的规律，为未来学习形声字打下了基础。

通过本课的学习，学生在探究中发现识字的规律，体验到主动学习带来的快乐。在授课过程中，能感受到教师的环节设计是在接受了 A－S－K 课程理念后，更加关注学生真实的学习和思考过程。低年级的识字课往往安排在一些内容丰富的韵文中，这样的形式适合学生的年龄特点，有助于学生识记生字。建议教师在识字课教学中也要关注学生朗读。

（曹艳昕）

《语文园地八》教学设计

<table>
<tr><td>课程名称</td><td colspan="5">语文
语文园地八</td></tr>
<tr><td>备课人</td><td>马岩</td><td>上课时间</td><td>2019.6</td><td>授课班级</td><td>一（13）</td></tr>
<tr><td>学习目标</td><td colspan="5">1. 联系生活，正确认读10个词语，能根据生活经验将词语分类。
2. 了解反犬旁、鸟字边和虫字旁所代表的意义，进一步感知偏旁表意的构字规律。
3. 借助插图，积累表示心情的词语；联系生活，情感体验，进行说话和写话练习。</td></tr>
<tr><td>重点、难点</td><td colspan="5">1. 进一步感知偏旁表意的构字规律。
2. 联系生活，情感体验，进行说话和写话练习。</td></tr>
<tr><td>课前准备</td><td colspan="5">生字卡片、表情图片、板书词语条、词语卡片、“魔法学堂”PPT、学习单</td></tr>
<tr><td>教学方法</td><td colspan="5">视频教学法、师生互动</td></tr>
<tr><td colspan="6">教学过程设计</td></tr>
</table>

<table>
<tr><td>教学阶段</td><td>师生活动</td><td>设计意图</td><td>技术应用</td><td>时间规划</td></tr>
<tr><td>情景导入</td><td>师：多莉是我们在“魔法学堂”的老朋友！
这一年来，多莉在“魔法学堂”里收获不少知识的同时，还提高了自理能力呢！</td><td>引入卡通人物，调动学生的积极性。</td><td>贴多莉图片
贴“提高自理能力”</td><td>1分钟</td></tr>
<tr><td>提高自理能力</td><td>师：在妈妈的帮助下，多莉学会了自己的事情自己做。你们看，这是多莉家的卫生间。
师：为了每天提醒多莉，妈妈给多莉的卫生间贴满了小纸条，这些小纸条上有多莉要做的事情。你能把它们读出来吗？
牙刷 刷（shuā）牙　毛巾 擦（cā）手
梳（shū）子 梳头　香皂（zào） 洗澡（zǎo）
脸盆（pén） 洗脸
生：读词语。
师：谁来带领大家读读这些词语？</td><td>鼓励学生自主观察，找到规律。</td><td>PPT课件
PPT课件出示词语</td><td>2分钟
3分钟</td></tr>
</table>

续表

教学过程设计				
教学阶段	师生活动	设计意图	技术应用	时间规划
提高自理能力	生：读词语。（师贴词语卡片） 师：读完这些词语，你发现了什么？ 生：每组前面的词是生活用品，后面的词是这种用品的用途。	训练语言，练习说完整句。		5分钟
	师：多莉家卫生间里的这些用品你们并不陌生，每天你们也会在自己家的卫生间里见到它们呢！你是怎么使用它们的？能用上这些词语说说吗？ 生：我用牙刷刷牙。 生：我用香皂洗澡。 生：我用毛巾擦手。 生：我用脸盆洗脸。 生：我用梳子梳头。 师：你们还知道哪些和卫生间有关的词语吗？ 生：马桶、浴缸、喷头、水龙头、牙膏、卫生纸、洗发水、浴液、镜子……（当学生说到水龙头、牙膏和镜子时） 师：你是怎么用水龙头洗手的？ 生：我先拧开水龙头，再把手放在水龙头下冲洗，洗完之后把水龙头关上。 师：你是怎么用牙膏刷牙的？ 生：我把牙膏挤在牙刷上，然后在嘴里刷三分钟，漱口，最后把牙刷和牙杯冲干净。 师：镜子是干什么用的？ 生：穿好衣服，我站在镜子前看漂亮不漂亮。 师：你们可真棒！和多莉一样，自己的事情能自己去做！	拓展词语，训练语言。		5分钟

续表

教学过程设计				
教学阶段	师生活动	设计意图	技术应用	时间规划
	师：在学校里，多莉还认识了不少动物朋友呢！你能叫出它们的名字吗？快拿出闯关卡，把动物朋友的图片和名字连起来！连完大声读一读。 生：连线，读字。 闯关卡： shī 狮 猫 猴 鸦 鸡 鸭 hú dié 蝴蝶 蚂蚁 蜻蜓	巩固本学期要求认的生字。	贴“认识动物朋友”PPT 出示闯关卡	3 分钟
认识动物朋友	师：谁能把你连的结果给大家说说？ 生：汇报。 师：快看看这些动物朋友的名字，你发现了什么？ 生：他们都有反犬旁、鸟字边和虫字旁。 师：你观察得真仔细，再看看，你还发现了什么？ 生：反犬旁的字都是兽类。 生：鸟字边的字都是鸟类或禽类。 生：虫字旁的字都是昆虫。 师：你们真会发现规律！这三个偏旁的字你还认识哪些？ 生：狗、猪、狐狸、狼。（板书） 生：鹅。（板书） 生：蜘蛛、蝇、蚊。（板书） 师：你们认识的字真多！这就是我们汉字造字的一个规律，偏旁能表示这个字的意思。 师：我们还学过不少这样的偏旁和汉字呢！同桌两个人一组，打开你手里的信封，把里面的汉字找到规律，一组一组排列好，看看你有什么发现。 生动手排列汉字，认读找规律。	自主观察，发现规律。	PPT 出示答案	3 分钟

续表

教学过程设计				
教学阶段	师生活动	设计意图	技术应用	时间规划
认识动物朋友	师：你们有什么发现吗？ 生：提手旁的字是手的动作。 生：三点水的字和水有关。 生：足字旁的字是脚的动作。 生：女字旁的字指的是女性。 生：金字旁的字是金属。 生：月字旁的字和我们的身体有关。 生：木字旁的字和植物树木有关。 师：汉字真是太奇妙啦！像你们刚才这样和小伙伴一起学习多开心啊！	鼓励学生动手操作，从学过的生字中发现规律，从而总结出汉字偏旁表意的规律。		5 分钟
分享心情故事	师：你们听，多莉有话要和你们说！多莉：在我们的生活里，可不只有高兴的事情，有时候我们的心情常常像坐过山车一样变化呢！现在咱们就来进行一场心情故事挑战赛，把你的心情故事分享给大家吧！你们准备好了吗？ 生：准备好啦！	利用挑战赛的形式，调动学生参与的积极性。	贴“分享心情故事”，播放 PPT 中的音频	1 分钟
	师：现在我们进入挑战赛第一关——认表情。 师：这些表情都代表了什么心情？ 生：第一个是高兴。 师：你从哪里看出来的？ 生：图上的小女孩嘴角上翘，眼睛都眯起来了。 生：第二个是生气，嘴角向下。 生：第三个是惊讶。嘴都张圆了。 生：第四个是伤心。她都快哭了。	通过观察表情，判断心情，对心情有直观的认知。	PPT 出示图片	3 分钟

续表

教学过程设计				
教学阶段	师生活动	设计意图	技术应用	时间规划
分享心情故事	师：你们真会观察！猜对了吗？一起看看。 生：读表示心情的词语。 师：第一轮挑战成功！ 师：现在是挑战赛第二关——说心情。 师：每个人都有自己的心情表，不同的心情交织在一起，让我们的生活丰富多彩。那生活中因为什么你会有这样的心情呢？试着用这样的句式说一说。 **当______时，** **我很______。** 生：指名说句子。 生：写句子。 生：指名读句子。	训练学生用句式说话写话，规范学生的语言。	PPT 出示词语 PPT 出示句式	5 分钟
	师：（抓住一个学生写的句子）你写得真有意思！你的心情发生在什么情境下？说给我们听听。 生：说情境。 师：指导学生表达。你再来说说。 生：再说情境。 师：现在就进入挑战赛的第三关，说情境。把你的情境跟同桌分享一下，讲一讲吧！ 生：指名说情境，贴表情图。 多莉：伙伴们，你们的心情故事一个比一个有意思。我宣布：你们挑战成功！	鼓励学生在教师的指导下，把心情故事说具体。		3 分钟
归纳小结	师：今天我们和多莉一起学习了语文园地八，学完这节课你有什么收获呢？ 生：说收获。了解了偏旁表意的规律，认识了动物朋友，认识了卫生间的用品，知道自己的事情要自己做，分享了心情故事。	启发学生自己总结本课的收获，进行小结。	PPT 出示“闯关成功”	1 分钟

续表

教学过程设计				
教学阶段	师生活动	设计意图	技术应用	时间规划
归纳小结	师：今天这节语文课你们的收获可真不少，并且闯关成功。祝贺你们！这节课我们就上到这里，下课！			

（马岩）

《语文园地八》教学反思

2019年2月，史家小学一年级的学生和老师一起开始A－S－K语文学科共创课程的教学实践。经过第一学期的学习，学生们已经完成了注意力模块、适应与自信模块的教学，完成了幼小衔接的过渡。语文学科共创课程在第二学期开展，学生在“魔法学堂”和多莉通过不同形式的动手实践，一起完成本学期语文八个单元的学习。现在对第八单元《语文园地八》一课的教学进行反思。

一、指导思想与理论依据

课程标准指出，识字教学要注意儿童心理特点，将学生熟识的语言因素作为主要材料，结合学生的生活经验，引导他们利用各种机会主动识字，力求识用结合。要运用多种识字教学方法和形象直观的教学手段，创设丰富多彩的教学情境，提高识字教学效率。

识字是阅读和写作的基础，也是一年级的教学重点。写作是运用语言文字进行表达和交流的重要方式，关于“写作”的目标，一年级定位于“写话”，重在培养学生的写作兴趣和自信心。

部编版教材中的语文园地是单元教学的重要组成部分。它以整合的方式组织教材内容，对所学的语文知识、技能进行系统的梳理、整合、巩固，同时重视培养学生学习语言的兴趣和自信，并向学生生活扩展延伸。课程标准倡导自主、合作、探究的学习方式，“语文园地”是其良好的载体。

语文共创课程属于A－S－K课程体系中的学科共创课程，是六大核心素养中人文底蕴、学会学习和实践创新的重要载体，是对A－S－K课程提出的学生态度、技能和知识的综合训练。

二、教学背景分析

语文教材中的语文园地是本单元学习内容的小结，园地的设置注重于本单元课文的语言文字的复习巩固和拓展运用。园地由一个个栏目组成，每个栏目有固定的教学内容。这种教学内容和教材编排形式可以借助“魔法学堂”闯关的教学形式进行开展。

（一）课程内容分析

《语文园地八》中一共有5个板块，我选择了前3个板块作为本课的教学内容，分别是“识字加油站”、“我的发现”和“字词句运用”。

“识字加油站”出示了与卫生间有关的10个词语，引导学生在正确认读词语的基础上，根据生活经验将词语分类，培养在生活中主动识字的意识。“我的发现”将学生已经认识的生字进行分组，引导学生通过观察了解反犬旁、鸟字边和虫字旁所代表的意义，进一步感知偏旁表意的构字规律。“字词句运用”出示了4张图片，引导学生积累表示心情的词语，联系生活中的个人情感体验，进行说话和写话的练习。

这3个板块由易到难，正好可以让学生开展闯关活动，调动学生的积极性，逐个完成教学内容的学习。

（二）学生分析

一年级的学生学习兴趣浓厚，愿意动手参与活动，已经具备了小组合作学习的意识，初步掌握了合作的一些方法。他们对多莉等卡通形象非常亲切，愿意把自己代入游戏和童话的情境中进行学习。通过一个学期的学习，学生已经具备了一定的识字能力、阅读能力和语言表达能力，已经认识了一些汉字、会写一些汉字，有了阅读和写作的基础。

基于以上分析，教师制定了以下的教学流程（图2－3）：

教师利用学生熟悉的“多莉”和“魔法学堂”串联起这3个板块。本节课我们关注的不是多莉在“魔法学堂”学到的知识，而是通过一年的时间学习她具备的各种能力。“识字加油站”由多莉家的卫生间引入，渗透“自己的事情自己做”“努力提高自理能力”的意识。“我的发现”中的动物都是多莉交到的“朋友”，引导学生初步感知动物的分类，并把已经学过的字进行整合。最后一个板块是关注多莉在学堂中的情绪，鼓励学生层层递进，把自己的心情和心情故事分享给

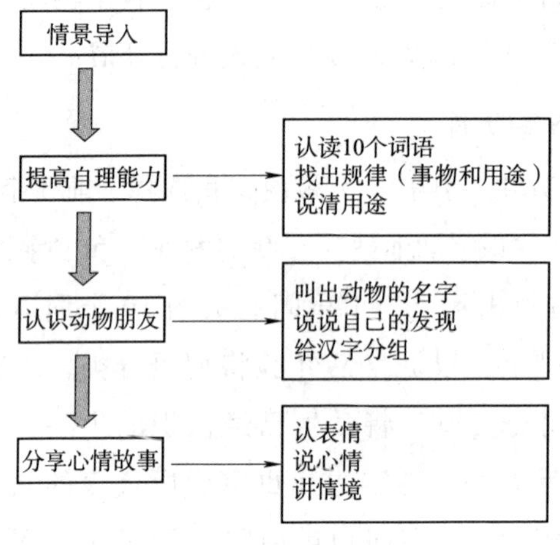

图 2-3　教学流程

伙伴，在分享的过程中训练语言，在分享的过程中调节心情，健康成长。

三、教学反思

学习完这一课之后，学生表示收获很大。课前设置的教学目标得以落实，教学的重点和难点得到了突破。在这个过程中，教师有如下思考：

（一）动手合作，落实教学重点

本课的教学重点是进一步感知偏旁表意的构字规律。为了落实教学重点，教师安排了两次动手操作。首先由学生把学习单上的动物图片和名字连线，既巩固认字，又调动了学生参与的积极性。学生通过连线和观察，不难发现“犭、鸟、虫”三个偏旁表示的意思，并能列举一些认识的其他字进行印证。接下来我让学生以小组为单位，将信封里的字找出规律，进行分组排列，鼓励学生在动手的过程中发现这些偏旁表示的意思。动手操作符合低年级学生的特点，这个环节学生参与度很高，学习的效果也很不错，落实了教学重点。

（二）层层递进，突破教学难点

本课的教学难点是联系生活与情感体验，进行说话写话练习。这个板块教师设计了三个层次，第一个层次是认表情。出示教材中的表情图片，学生通过观察判断出表情所代表的心情，对于心情有直观的认知。第二个层次是说心情。鼓励学生用句子说出自己的心情，以及产生这样心情的原因，并把这个完整的句子写下来。第三个层次是讲情境。引导学生在第二个层次的基础上，根据老师的指导，丰富自己的语言，把心情故事讲得更具体更生动。这样由易到难的设计，用闯关的形式呈现，有效调动了学生参与的积极性，训练了学生的语言表达能力，突破了本课的教学难点。

四、改进措施

A－S－K 语文共创课程是初次在课堂上实施，教师对课程的理解、对 A－S－K 理念与教材的结合与迁移、对具体教学环节的设计，都需要反复思考和调整。在这个过程中，通过教学实践，教师认为在以下方面还需要改善：

（一）让教学与 A－S－K 的理念结合更加紧密

A－S－K 的理念应该更深入地应用于语文教学中，而不仅仅是“魔法学堂”和多莉这种情境代入，激发学生热爱学习的兴趣，掌握学习的技能和方法，这样的理念应该贯穿于学习知识的过程中。教师应该改变以往的教授知识的形式，重视学生学会的过程以及学会的方法。一节课当然要有语文味，但更应该是自主地学习语文，教师应往后退，让学生居于课堂的主动地位。

（二）更加大胆地进行动手实践环节的设置

本课设计了几个学生动手的环节，学生的参与积极性很高。这说明我们的语文课堂需要这些能调动学生的形式，学生也很欢迎。在设计教学活动的时候，教师应该拓宽思路，大胆尝试，让枯燥的字词记忆、抽象的寻找规律都能更容易、更有趣。这都需要教师多走近学生，观察学生的喜好，并合理应用于自己的日常教学中，让活动设置为教学服务。

（马岩）

专家点评

本节课以“识字加油站”“我的发现”“字词句运用”三个板块为主要授课内容，培养学生在生活中主动识字的意识，学习结合插图，观察比较，运用“偏旁归类”的方法识字。引导学生联系自身体验，理解词语，进行说话和写话的练习。

授课教师创设“魔法学堂”的情景，以此导入，让学生快速进入积极、主动的课堂学习状态。利用学生熟悉的“多莉”和“魔法学堂”串联起三个板块。从“认读词语说用途”“观察发现巧组合”“关注情绪表心情”三个方面设计教学，由易到难，层层递进，调动学生的积极性，细心观察，启发思考，逐个完成教学内容的学习。授课中教师能够把握每个板块的关键点，采用游戏和合作学习的方式，落实重点，突破难点，引发学生积极思维及反馈。

通过本节课的学习，学生在识记字词的过程中提高自理能力意识，在动手操作的过程中了解汉字中偏旁表意的作用，并且联系生活进行情感体验，进行语言训练，在分享的过程中调节心情健康成长。授课中教师注意学生实际获得，但仍需重视学生学会的过程，以及学会的方法，应充分给予他们思考、表达与交流的空间。

（张牧梓）

《“贝”的故事》教学设计

课程名称	语文 “贝”的故事				
备课人	陈璐	上课时间	2019.4	授课班级	二（11）
学习目标	认识“甲、骨”等16个生字，读准多音字“漂”。				
重点、难点	认识“甲、骨”等16个生字，读准多音字“漂”。				
课前准备	教学用PPT、学习单、贴图、生字卡片、“魔法学堂”视频节选				
教学方法	视频教学法、游戏、师生互动				
教学过程设计					

教学阶段	师生活动	设计意图	技术应用	时间规划
情景导入	师：同学们，还记得我们在“魔法学堂”的好朋友多莉吗？她难忘的回家经历给我们留下了很深的印象，让我们再来重温一下她与爸爸妈妈的团聚时刻吧！ 1. 播放多莉回家的视频。 2. 多莉到底是怎么找到回家的路的？引导学生发现：多莉是沿着贝壳找到回家的路的。 3. 教师总结：是啊，这些贝壳不仅引导着多莉回家与父母团聚，背后还有很多有趣的故事呢！今天我们就来一起走进“贝”的故事。 4. 齐读课题。	借助有趣的“魔法学堂”视频，激发学生学习兴趣，调动学生已有认知，拉近学生与本课的距离。	视频	2分钟
拾取贝壳	1. 自己读一读课文，遇到不认识的字，借助拼音努力把字音读准确。 2. 同桌两人认一认双蓝线里的生字，互相讨论：有哪些是你已经认识的字？你是用什么方法记住它的？	鼓励学生自主、合作识字，交流识字好方法。	贴“贝壳”	2分钟

续表

教学过程设计				
教学阶段	师生活动	设计意图	技术应用	时间规划
拾取贝壳	3. 这些为多莉引路的贝壳多么值得珍藏啊！快让我们拾起它们，送给多莉吧！请一组同学拾一串贝壳，每人一枚，将自己贝壳后面的生字认读准确，即可送给多莉。	调动学生识字积极性，在动手拾取贝壳的过程中借助拼音识字。		5分钟
找朋友	1. 找朋友 贝壳拾取完了，同桌两人分别拿出生字卡与拼音卡，玩玩“找朋友”的游戏，看看不借助拼音，你还能把生字认出来吗？ 同桌两人之间，一人出示生字，另一人找出该字的读音；或一人出示拼音，另一人找到该读音的生字。	以生字卡与拼音卡“速配”的形式，调动学生课堂积极性，在浓厚的学习兴趣中巩固识字。	生字卡、拼音卡	4分钟
	2. 多音字“漂” (1) 引导学生发现刚才“找朋友”游戏中特殊的生字卡片“漂”。 (2) 结合学习单，在语境中选择多音字“漂”的正确读音。	字不离词，词不离句，在具体生动的语境中，运用所学的多音字。	学习单、PPT	4分钟
贝壳分类	1. 请你给这16个生字按结构分类吧！学生在学习单上连线，交流后汇报。 引导学生发现： 左右结构：随、损、珍、饰、漂、财、购、赚、赔。 上下结构：品、贫、易、骨、类。 独体字：甲、币。	采取字形分类的形式，让学生在给“贝壳”分类的过程中掌握生字结构，享受识字的乐趣。	学习单、PPT	3分钟
	2. 引导学生发现“贝”字旁的字：财、购、赚、赔、贫。			2分钟

续表

教学过程设计				
教学阶段	师生活动	设计意图	技术应用	时间规划
火眼金睛	请你借助语境将带有正确生字的贝壳挑出来。 学生在学习单上勾选，然后汇报。	学生在具体、生动的语境中，辨析同音字与形近字，再次巩固并运用了所学生字。	学习单、PPT	2分钟
问题解决与反馈	同学们，这节课你们在帮助多莉的同时也认识了很多生字，并且还学会了在正确的语境中应用它们，真会学习！ 下节课我们再与多莉共同学习！下课。	总结本课所学，在鼓励与肯定中激发学生下节课的学习兴趣，为下节课的学习做好铺垫。		1分钟

（陈璐）

《“贝”的故事》教学反思

《“贝”的故事》共创课程是传统的语文课程和A－S－K课程体系的融合课程，是一次崭新的尝试。课程以多莉沿着贝壳找到回家的路为导引，通过四个游戏活动，帮助孩子们在快乐的氛围中认读生字，建立生字音、形、义之间的联系，引导学生不断发现汉字的奥秘，感受识字的乐趣。

一、指导思想与理论依据

识字、写字是阅读和写作的基础，是第一学段的教学重点，也是贯穿整个义务教育阶段的重要教学内容。《义务教育语文课程标准》指出，第一学段语文学习目标要求学生喜欢学习汉字，有主动识字的愿望。语文教学应激发学生的学习兴趣，培养学生自主学习的意识和习惯，引导学生掌握语文学习的方法，为学生创设有利于自主、合作、探究学习的环境。要运用多种识字教学方法和形象直观的教学手段，创设丰富多彩的教学情境，提高识字教学效率。

二、教学背景分析

2018年9月起，史家小学一年级学生正式开始A－S－K课程的学习。通过一年级的学习，孩子们对A－S－K课程有着浓厚的兴趣。本学期，在与北京教科院老师共同研究的前提下，我们决定将A－S－K的教学方法与语文学科进行有效的融合，使孩子们在游戏中识字，激发学生识字的兴趣，培养学生自主识字的意愿，充分感受识字的乐趣。

（一）课程内容分析

本单元是识字单元，识字教学是本单元的重点教学内容。《“贝”的故事》课文形式活泼、内容丰富，便于引导学生在不同的语境中识字学词，激发儿童的识字兴趣。

（二）学生分析

二年级学生通过前面三册的学习，对形声字的构字规律有了一定的了解，认识了一些常见的偏旁，知道了声旁表音、形旁表义的基本规律。课堂上，要给学生充分朗读的时间，在读中识字，突破“音”和“形”的难点。要继续引导学生运用形声字的构字规律识字，帮助学生建立生字音、形、义之间的联系，引导学生不断发现汉字的奥秘，感受识字的乐趣。

基于以上分析，教师制定了以下的教学流程（图 2－4）。

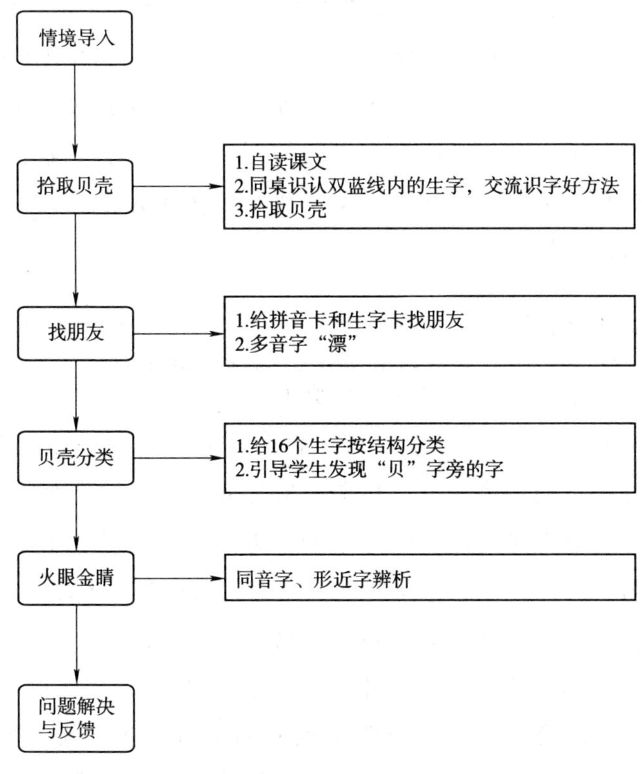

图 2－4　教学流程

三、教学反思

语文教学活动的组织与开展，必须要符合小学生的心理特点，低年级的语文教学更是如此。

本学期，我参与 A－S－K 史家共创课程的内容是一节识字课。识字是低年级段语文教学中非常重要的基础内容，可如果在识字教学中只是机械地重复教读，会让学生感到枯燥，导致教学效率低下。这次参与 A-S-K 共创课堂的最大收获，就是科学合理地运用游戏化教学的模式，不断激发学生的学习兴趣，让学生在浓厚的学习兴趣下学习。之所以说是科学合理的游戏化教学，是因为每一个小游戏都是为实现本节课的教学目标而设计的，它们是环环相扣的。这节课，我借助有趣的“魔法学堂”视频导入，设计了“拾取贝壳”“找朋友”“贝壳分类”“火眼金睛”4 个层层递进的小游戏，引导学生发现生字在音、形、义之间的联系，不断探索汉字的奥秘。例如，学习并掌握本课多音字“漂”，并能根据学生已有的生活经验拓展该字的其他读音，继而在词语中理解字义。这样寓教于乐的课堂，每位学生都能有效地参与其中，全程眼睛都是亮的。我想，他们在这样的课堂中一定体会到了语文学习的乐趣。

四、改进措施

在常规教学中，传统课堂习惯给予孩子“灌输式”传教，让学生在识字时死记硬背。但这样一来，就违背了“学生是语文学习的主体”这一原则。我们都知道，兴趣是最好的老师，学生对识字产生浓厚的兴趣，将成为他们语文学习中的一大助力。这样一来，就需要授课老师在教学设计时激发儿童的学习兴趣，保护儿童天性。在课堂上，教师应保护儿童探索世界的兴趣和好奇心，采用游戏、活动等方式引导学生学习新知，让学生在玩中学，在喜闻乐见的游戏活动中学习。在练习时，要注意趣味性，以激发他们的学习兴趣，减少畏难情绪。如本课使用的学习单，将示意图设计为贝壳状，表面排列需要认读的生字。这样设计一方面可以直观地出示生字，另一方面贝壳可以暗示学生本课主题。另外，要大胆地让课堂“动”起来。以丰富多彩的互动活动设计，引导学生改变被动接受知识的学习方式，在自主学习、主动探究的过程中感受语文学习的乐趣。久而久之，使主动发现规律、主动展示交流学习成果成为学生的一种习惯，不断增强自信，真正成为学习的主人。

（陈璐）

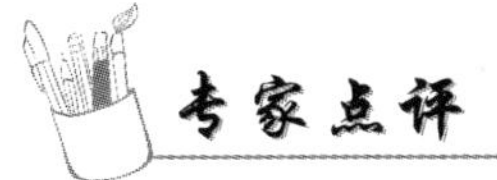

专家点评

《“贝”的故事》是统编版语文课本二年级下册识字单元中的一篇课文，主要任务就是多种方法识字。这节课是一节传统的语文课程和A－S－K课程体系的融合课程，帮助孩子们在快乐的氛围中学习生字，感受识字的乐趣。

授课教师科学合理地运用A－S－K课程游戏化教学的模式，激发学生的学习兴趣，借助有趣的“魔法学堂”视频导入，调动学生已有认知，又通过四个层层递进的小游戏“拾取贝壳”“找朋友”“贝壳分类”“火眼金睛”，引导学生发现生字音、形、义之间的联系，不断探索汉字的奥秘，用低年级学生喜欢的“玩中学”的方式将语文课与A－S－K课程特点完美结合，帮助学生读准字音、认清字形、了解字义，既落实了本节课的重点，又突破了难点。

通过本节课的学习，学生们提高了自主识字的兴趣，学会了新的识字方法，提高了识字效率。改变了学生被动接受知识的学习方式，在自主学习、主动探究的过程中感受语文学习的乐趣，体会到了自主探究、合作探究的快乐，体验了成功带来的喜悦。

（闫欣）

《太空生活趣事多》教学设计

<table>
<tr><td>课程名称</td><td colspan="5">语文
太空生活趣事多</td></tr>
<tr><td>备课人</td><td>卢明文</td><td>上课时间</td><td>2019.6</td><td>授课班级</td><td>二（13）</td></tr>
<tr><td>学习目标</td><td colspan="5">知识与技能：
正确流利朗读课文，能说出太空生活中的趣事。
过程与方法：
在游戏活动中体验太空生活的乐趣，并积极表达。
情感、态度和价值观：
体验太空生活乐趣，激发探索科学、探索自然的兴趣。</td></tr>
<tr><td>重点、难点</td><td colspan="5">重点：
正确流利朗读课文，能说出太空生活中的趣事。
难点：
体验太空生活乐趣，激发探索科学、探索自然的兴趣。</td></tr>
<tr><td>课前准备</td><td colspan="5">PPT 课件、学习单</td></tr>
<tr><td>教学方法</td><td colspan="5">自主探究、合作交流</td></tr>
<tr><td colspan="6">教学过程设计</td></tr>
</table>

教学阶段	师生活动	设计意图	技术应用	时间规划
情境导入	出示多莉图片： 画外音：多莉的暑假生活就要开始了，这个假期她打算去太空旅行。为了了解太空中都有哪些有趣的项目，她找好朋友宇航员小宇要来了一份太空生活报。但是，她发现太空生活报内容有点难，读不懂。同学们你们愿意帮多莉把太空生活报读一读吗？	设置具体情境，激发学习兴趣。	播放 PPT	1 分钟
太空趣事大搜索	明确要求： 1. 声音洪亮，语句通顺。 2. 这份报纸中共写了太空生活中的几件趣事儿？请你边读边用铅笔圈画出。	培养学生理解活动规则的意识和能力。	播放 PPT	1 分钟

续表

教学过程设计				
教学阶段	师生活动	设计意图	技术应用	时间规划
太空趣事大搜索	学生活动： 朗读太空生活报，圈画四件趣事。 学生自主探究完成任务。 发现有问题的同学及时给予指导帮助。	培养学生提炼信息的能力。		3 分钟
搜索趣事“关键词”	在大家的帮助下，多莉了解了太空生活中有四件趣事，但是这四件趣事具体有趣在哪里呢？你们能帮多莉具体介绍一下吗？	设置具体情境，激发学习兴趣。	播放 PPT	1 分钟
	明确要求： 1. 四人一小组。 2. 用三个关键词来概括每件趣事具体有趣在哪里，并说明所选关键词的理由。	培养学生理解要求的能力。		1 分钟
	学生活动： 1. 寻找概括每个太空项目的三个关键词。 2. 小组交流关键词选择的依据。 3. 全班交流、分享。	培养学生提炼和归纳信息的能力。学生可以通过语言说清自己的思考以及选择依据。	太空生活报	5 分钟
	展示交流： 1. 小组交流。 2. 全班交流、补充、分享。			2 分钟
太空体验项目大比拼	多莉对你们帮她搜索的太空趣事都很感兴趣，她不知道该先去哪个小组体验了。你们能用什么方式吸引多莉去体验你们的项目呢？	设置具体情境，激发学习兴趣。	播放 PPT	1 分钟
	明确要求： 1. 四人一小组，按照学习单上的项目要求来介绍自己的项目（学习单上显示小组所选项目及展示方式）。	采用太空体验项目大比拼的形式，培养学生理解游戏规则，激发表达兴趣。		2 分钟

续表

教学过程设计				
教学阶段	师生活动	设计意图	技术应用	时间规划
太空体验项目大比拼	2. 每组选一名代表进行投票。 3. 哪个项目获得的票数最多，多莉就先去哪个项目进行体验。 学生活动： 根据学习单所出示的项目及要求对自己小组项目进行介绍。（主要展示形式：表演、绘画、语言介绍、演示） 小组代表对最吸引自己的小组的项目进行投票。	培养学生自主探究、小组合作、自信表达及鉴赏展示的能力。	实物投影	15 分钟
拓展提升	出示太空生活视频，引导学生说说通过看视频知道了太空生活中的哪些趣事。	通过拓展提升环节，激发学生对太空生活的向往。	播放视频	4 分钟

（卢明文）

《太空生活趣事多》教学反思

自二年级下学期开始，我们正式进入A－S－K语文学科攻关模块的共创。A－S－K语文学科攻关模块的学习，主要以学生熟悉的卡通人物多莉为主角，以学科内容为主线进行教学。现对我所授课的《太空生活趣事多》一课进行教学反思。

一、指导思想与理论依据

《义务教育语文课程标准》在第一学段学生阅读要求中提出，让学生喜欢阅读，感受阅读的乐趣。老师要在教学中激发学生的阅读欲望，精心创设情境，引导学生走入文本，与文本中的人物对话，与作者对话，获得积极的情感体验。A－S－K学科攻关模块旨在引导学生以课程内容为依托，在教师精心创设的情境中走近文本，激发学生的阅读兴趣，从而感受阅读的乐趣。

结合二年级语文阅读教学的特点和学生的认知特点，语文学科攻关课程以培养学生阅读兴趣为目标，充分利用A－S－K学科攻关模块倡导的情境教学法，以学生喜爱的多莉形象为主角，以文本素材为依托创设情境，让学生在愉悦的情境学习中感知文本，获取知识和阅读技能，从而喜欢上阅读。

二、教学背景分析

在教学过程中，我以统编版语文二年级下册中的《太空生活趣事多》课文内容为依托，以学生们的老朋友多莉为主角，通过创设情境和通关游戏的形式，在突破语文教学目标的同时，激发学生的识字兴趣和阅读兴趣。

（一）课程内容分析

《太空生活趣事多》是统编版语文二年级下册第六单元的第四课，本单元的主题是“自然”，教学目标是培养学生提炼信息的能力。本文是一篇科学小品文。文章用轻松活泼、浅显易懂的语言介绍了太空生活的新奇有趣。全文一共6个自然段，第1自然段以问句开头，引出话题，直接点明太空生活“挺有趣”，激发学生阅读的兴趣。课文第2至第5自然段一段一事，分别介绍了航天员在太空生活时睡觉、喝水、走路、洗澡的情形。作者巧妙地将造成这些有趣现象的原因放在了第3自然段，“因为在宇宙飞船里，水失去了重量”，这就是失重。第6自然段以反问句总结全文，照应开头，点明中心，使文章浑然一体。

课文配有一幅插图，画面显示在茫茫的太空里，无数的星星闪动着耀眼的光芒，一艘宇宙飞船正遨游其中，营造出太空生活的情境。

这节课从知识与能力、过程与方法、情感态度和价值观三个维度来进行教学设计。通过本节课的学习需要达成以下学习目标：一是正确流利朗读课文，能说出太空生活中的趣事；二是在游戏活动中体验太空生活的乐趣，并积极表达；三是体验太空生活乐趣，激发探索科学、探索自然的兴趣。

（二）学情分析

经过一年半的学习，二年级下学期的学生已具备了一定的阅读技能，有了一定的提炼信息的能力，但还不具备准确提炼信息和归纳信息的能力。太空是神秘的，但是对于二年级的学生而言也不是完全陌生的。通过课外书、网络、电影、电视等媒介，他们对太空已有一定的了解，此时他们更向往了解更多的太空知识；而航天员是他们心目中的英雄，也希望能更多地了解他们的生活。在教学中，我们可以充分利用学生的好奇心，引导他们学习生字，品读课文，带领他们一起去探索神秘的太空，体会航天员的有趣生活，使他们在了解一些航天知识的同时学会提取主要信息，了解课文的主要内容。

基于以上教学内容和学情的分析，在《太空生活趣事多》这一课的教学中，主要设置了如下教学活动（图2-5）。

三、教学反思

多莉是学生熟悉且非常喜欢的卡通形象，本课以多莉想去太空旅行创设情境，激发学生的学习兴趣。随后，通过一关一关的游戏任务引导

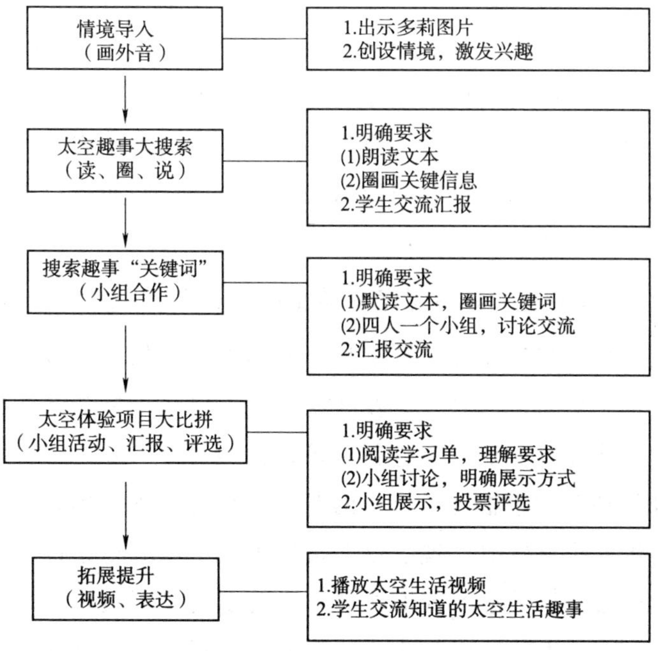

图2－5　教学活动图

学生朗读文本，圈画关键信息，提炼每项趣事中的有趣点，从而真正感受文本带来的乐趣。以A－S－K游戏闯关的形式，不仅有利于培养学生提炼文本关键信息的能力，同时也有助于学生真正走入文本，感受文本带来的乐趣，真正促进了学生的阅读兴趣，达到了本节课的教学目标。

（一）创设情境，设置游戏关卡，突破教学重难点

情境教学法在低年级教学中并不少见，但是在情境创设中融入游戏闯关环节则是A－S－K课程的一大特色。通过朗读文本提炼关键信息，是本课的教学重点，也是教学的难点。为了突破重难点，我们首先以学生熟悉且非常喜爱的多莉要去太空旅行创设情境，激起学生课堂学习的兴趣。从阅读的心理规律来看，我们阅读一篇文章，一般想了解文章写了些什么，然后再弄清楚文章是怎样写的。根据阅读心理规律，结合本课特点，我确定了以下几步：一找趣事，二品趣味，三寻趣因，四说趣事，引导学生在游戏中提取文章主要信息，说说太空生活中的趣事。本节课教学最精彩的环节是“太空体验项目大比拼”

环节，学生以小组为单位在“趣事关键词大搜索”环节的基础上，以表演等方式将自己所负责的趣事展示给大家，学生根据各组的展示情况，投出最想体验的项目。该环节将本堂课推向了高潮，学生们在轻松愉快的课堂中不仅学到了太空生活的知识，提高了提炼、归纳信息的能力，同时也锻炼了自己的展示表达能力。我们通过以上方式很好地突破了本节课的教学重难点。

（二）教师要善于抓住课堂中学生的精彩生成

课堂中学生在教师的引导下是否能够不断有精彩生成，这是检验一堂课是否成功的指标之一。教师在课堂上要善于抓住学生的精彩生成，不断调整教学计划。在进行本节课的授课过程中，“太空体验项目大比拼”环节学生根据学习单的要求并结合文本内容，利用自己想象加上动作表演很好地呈现了宇航员在太空喝水和行走的场景，还有的小组通过绘画和示意图的形式精彩呈现了自己所负责的体验项目内容。我们抓住学生的精彩生成，顺势将课堂氛围引向高潮，使每个孩子都积极思考，展开想象，努力将自己负责的体验项目展示给大家。通过此环节，学生对文本内容有了很深的理解和感悟，增强了阅读文本积极性。

四、改进措施

虽然我们很好地实现了这节课的教学目标，但是在课堂实际操作中也暴露出了一些问题，我们将从以下几个方面进行改进。

（一）认真研读教学内容，把握课程整体定位

在备课和教学的过程中，教师不仅要认真研读本节课的教学内容，更要在把握课程整体定位的基础上进行整体设计。本单元的教学主题是“自然”，那么本节课的教学主题理所当然地应以自然为主题，引导学生在阅读文本的同时，准确提取太空生活中的趣事，并能说出每件趣事有趣在哪儿。而我们这堂课不是纯粹的语文课，而是语文A-S-K学科攻关课程中的一课。那么在教学过程中，我们除了要从语文的角度认真研读教学内容，更应该明确该堂课的定位。在教学设计和教

学中，要充分利用 A－S－K 课程以情境创设、游戏闯关为特色的教学理念，充分调动学生学习的积极性和课堂的参与度。在教学实际实施过程中，我们有点儿顾此失彼，有的课堂环节过于死板，而有的环节过于游戏化，没有很好地落实学科融合的理念，这是我们需要改进的。在接下来的课堂设置中，我们会更准确地把握学科融合的特点，将语文课与 A－S－K 课程特点完美结合。

（二）内容和活动的设置要符合学生的认知发展水平，提前做好学情调查

本节课的教学设计和教学活动的实施，虽然是在充分分析学生学情的基础上进行的，但是我们在拓展提升环节只考虑到了部分学生的学情，没有进行所有学生学情的摸底调查。拓展提升环节，为了提高学生探索宇宙、热爱科学的热情，我们播放了一段宇航员太空生活的视频。教师设计的问题是：看了这段视频你还知道太空生活的哪些趣事？大多数同学能够根据自己所看到的内容进行回答。但是，随后的第二个问题：除了今天我们课文中学到的太空生活中的趣事和我们视频中看到的太空生活的趣事，你还知道哪些？这时候举手的同学就没几个了，课下讨论时我们意识到这个问题对科普知识还相对比较缺乏的二年级学生来说有点拔高了。这个问题的解决可以有两种方式：一是让孩子们课前提前查阅一些有关太空生活的科普知识；二是如果想知道更多关于太空生活的趣事，课下可以查阅资料，下节课跟老师和同学们一起交流。

（卢明文）

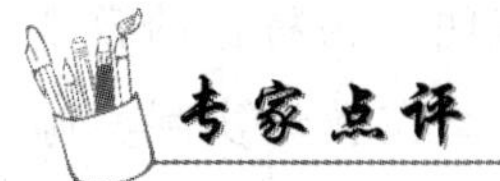

专家点评

《太空生活趣事多》是统编版语文二年级下册中的语文课文，本节课学生通过提取信息，在说出太空生活中的趣事的基础上，在游戏活动中去体验太空生活的乐趣，同时激发探索科学、探索自然的兴趣。

授课教师充分利用A－S－K课程以情境创设、游戏闯关为特色的教学理念，采用“一找趣事，二品趣味，三寻趣因，四说趣事”四个环节充分调动学生的积极性、参与度，让他们去思考、去想象，将语文课与A－S－K课程特点完美结合，在潜移默化中突破本节课的重难点。

本节课教学最精彩的环节是“太空体验项目大比拼”环节，学生以小组为单位在“趣事关键词大搜索”环节的基础上，以表演等方式将自己所负责的趣事展示给大家，学生根据各组的展示情况，投出最想体验的项目，该环节将本堂课推向了高潮。

通过本节课的学习，学生们在轻松愉快的课堂中不仅学到了太空生活的知识，而且提升了学生的提炼、归纳、表达等能力。

（翟玉红）

第三节 英语模块

《他是谁?》教学设计

<table>
<tr><td>课程名称</td><td colspan="5">英语
他是谁?</td></tr>
<tr><td>备课人</td><td>芮雅岚</td><td>上课时间</td><td>2019. 5.</td><td>授课班级</td><td>一(13)</td></tr>
<tr><td>学习目标</td><td colspan="5">知识与技能:
1. 在语境中听懂，认读 yogurt、yard、zebra、zoo ，并在教师的引导下理解 cousin 一词。
2. 能够灵活运用“Who is he/she?”“ He/She is my . . . ”“ He/She can . . . ”询问并介绍家人。
3. 能在思维导图的支持下多角度地了解、介绍家人，并表达对他们的喜爱之情。
过程与方法:
1. 利用多媒体教学资源，以唱学和动作相结合的方式学习家庭成员主题歌曲。
2. 结合课文中的场景，表演小对话。
情感、态度和价值观:
通过歌曲的导入学习，学生有兴趣听、说英语并乐于模仿、乐于表达。</td></tr>
<tr><td>重点、难点</td><td colspan="5">1. 在语境中听懂认读，初步运用“Who is he/she?”，并着重用“He/She is my . . . ”“He/She can. . . ”等句型介绍自己的家人。
2. 对 cousin 一词理解和有意识地了解家人。</td></tr>
<tr><td>课前准备</td><td colspan="5">PPT 课件、单词图卡、爱心奖贴、照片</td></tr>
<tr><td>教学方法</td><td colspan="5">使用 TPR 教学法进行歌曲和字母的教学，配合歌词设计相应的动作，使学生能够在理解的基础上加入动作演唱歌曲和正确书写字母和单词。</td></tr>
<tr><td colspan="6">教学过程设计</td></tr>
<tr><td>教学阶段</td><td colspan="2">师生活动</td><td>设计意图</td><td>技术应用</td><td>时间规划</td></tr>
<tr><td>Activity 1—Warming up (5 分钟)</td><td colspan="2">1. Sing a song
T: Here is a beautiful song. Let's sing together.</td><td>激发兴趣，加入动作，演唱歌曲。复习家庭成员旧知，</td><td>歌曲视频</td><td>2 分钟</td></tr>
</table>

续表

教学过程设计				
教学阶段	师生活动	设计意图	技术应用	时间规划
Activity 1—Warming up	(Ss will sing and talk.) 2. Free talk T: This song is about family. What family members do you know? Ss: Mum, dad, grandma, grandpa ... T: Here is a holiday party, so they all come. Do you know what holiday is it? Yes, it's Children's Day. Children's Day is for you, children. So do you like it? Are you happy? Let's say: "Happy Children's Day". T: Good Job!	依托本单元前两课 family tree，帮助学生梳理家庭成员的名称和关系。 学生熟悉的课本中的人物果果和家人来参加 party，引出本课主线男孩果果过儿童节的一天。	图片、PPT 课件	5 分钟
Activity 2—Presentation (10 分钟)	T: Look! Here is a boy. Who is that boy? Who is he? Let's watch. Ss: Brother/Cousin? ... (Ss will listen and guess.) (1) Dialogue learning (1st picture) T: So what's his name? Ss: Zola? T: Let's say: "Hello Zola!" Who is Zola? Ss: He's cousin. T: Cousin. c c c /K//K //K//ʌ//kʌ/ /zn//kʌ z n/. So I put it here? Zola is mumand dad's baby? No, so cousin is uncle and aunt's baby. He's Guoguo's cousin. He can ____. Look , sing. Yes,	教师通过让学生观看第一幅主题图，让学生猜测这个男孩是谁，让学生快速融入课文的真实谈话环境，随后引出"cousin"一词的学习。	PPT 课件、图片	8 分钟

续表

教学过程设计				
教学阶段	师生活动	设计意图	技术应用	时间规划
Activity 2—Presentation	he can sing. Maybe he can... （2） Dialogue learning （2st picture） T：Who's coming? A woman? Let's listen. Ss：She's aunt. T：Yes，and she is nice. Can I say who's he? Ss：No，she's a woman. T：Look at the letter “s” looks like long hair of a girl. So she is for a girl or a woman. He is for a boy or a man.	通过听音频，让学生们自己抓住 aunt 这一关键词，此时教师及时将 he 与 she 做比较，帮助学生在情境中理解二者的区别。	课文音频	
Activity 3—Practice （15 分钟）	1. Watch the whole video again. Role－reading （1） Listen and repeat. （2） Read in roles. 2. Watch and answer （1） T：They have a party in the morning，how about them in the afternoon. Can you guess where will Guoguo go? Ss：Go swimming. Go to the park... （2） T：Now Let's listen. Where is it? 3. Guessing Game T：Guoguo has a happy day. So she wants to share her family album with you. Look! There are many beautiful photos. Do you want to see?	借助问题，引发学生思考，借助图片和动作学习单词和字母。 教师、学生边做动作边演唱歌谣，进一步巩固单词和字母的学习，并感知字母的发音。 随后，果果拿出他的 family album，此时每组学生手中都会有一个果果家的相册，但每本相册是模糊的，人物各不相同，因此学生需要相互询问，找出答案。	课文视频 PPT 课件	5 分钟 3 分钟 7 分钟

续表

教学过程设计				
教学阶段	师生活动	设计意图	技术应用	时间规划
Activity 4—Production (10分钟)	1. Talking a new dialogue T: Guoguo wants to introduce more about her family album! Do you want to see? Let's have a look . Introducing family members He is my grandpa. He can play football. Guoguo, Who's ...? He is cool. I love my grandpa.	创编对话，分组练习。教师借助学生熟悉的课本里的角色男孩果果，进行对话创编。	音频、PPT课件	2分钟
	2. T: Now, we know Guoguo's family. How about your family members. Who wants to share with us? (1) OK. Please take out your family photo introduce with your partner. (2) Show time.	小组展示，表演对话。		8分钟

（芮雅岚）

《他是谁?》教学反思

A－S－K 英语学科课程，每个月以学生所熟悉的卡通角色为主要人物，以节日为依据设置活动主题，通过说一说、听一听、唱一唱、演一演的循环模式，让学生体验语言文化，训练语言技能。在授课过程中，发现学生的学习兴趣浓厚，乐于学习，但由于 A－S－K 课程计划中每个教学环节的时间只有 5～10 分钟，每次结束，学生们都显得意犹未尽，于是本节课教师就将 A－S－K 课程与英语课程相整合，设计了一节英语共创课，进行教学反思。

一、指导思想与理论依据

《义务教育英语课程标准》指出，英语课程具有工具性和人文性双重性质。既强调发展学生的听、说、读写技能及与他人交流的能力，又要开阔学生视野，形成跨文化意识，提高综合人文素养，为学生以后的英语学习及终生发展奠定基础。小学阶段英语课程以培养学生的综合语言运用能力为目标，落实到小学低年级，具体目标是让学生对英语有好奇心，喜欢听英语，能够根据教师的简单指令做动作、做游戏，并进行简单的角色扮演，乐于模仿，敢于表达。

基于上述的理念，在本课中我设计了学生都特别熟悉和喜欢的角色果果的一家人，以过儿童节为主题，借助学唱英语歌曲、做动作、做游戏等方式来操练语言，逐步提高学生的英语表达能力。

二、教学背景分析

一年级的英语共创攻关课程基于 A－S－K 理念，结合教材，让学生在歌曲的学习和表演过程中，体验语言文化，同时训练学生的语言技能。

（一）课程内容分析

分析本课的学习内容，本课以果果一家过儿童节为主线，演唱歌曲 *Mummy Mummy*。关于家庭成员主题，学生需要知道：第一，能够了解和表达家庭成员名称和关系，并运用“Who is he/she?”来询问；

第二，儿童节的日期在每年的6月1日，能用英语正确表达 Happy Children's Day；第三，单词方面，学生要能在语境中听懂、认读 yogurt、yard、zebra、zoo 等词，在教师的引导下理解 cousin 一词，并借助思维导图编演简单的小对话介绍家人。通过 TPR 的方式，配合动作演唱歌曲，学习单词，让学生更容易理解含义。学生在他们熟悉的学习方式（即说、唱、做、表演）中进行学习。

（二）学生分析

本节课的授课对象是我校一年级学生，学习兴趣浓厚，善于模仿，乐于参与，他们有着强烈的好奇心和求知欲。我校的学生非常喜欢唱歌和表演。另外，对于儿童节这一节日，学生们都非常喜欢和期待。因此，设计以果果和家人过“六一”儿童节为主线，非常有助于提升学生的学习兴趣。这些都是本节课学习的有力保障。在此基础上，教师利用 family tree 的形式，借助思维导图，帮助学生在清晰家庭成员关系的同时，能够多角度地去描述家人，表达情感。

基于上述分析，老师制订了以下的教学流程（图2-6）。

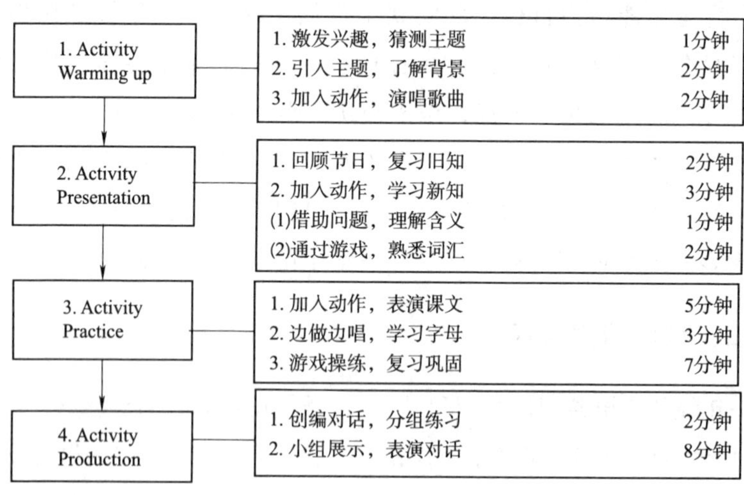

图2-6 教学流程

本节课的设计，以儿童节为主线，贯穿于4个活动之中，这个过程就是学生感知语言、学习语言、体验语言、运用语言的过程。

三、教学反思

教师结合 A－S－K 课程理念，结合英语课程展开第五单元第 19 课的学习。大部分学生学习兴趣浓厚，对所学的儿童节能够用英文表达，能够熟练介绍家庭成员名称，能在小组中编演对话。同时，在以下三方面，教师进行了更加深入的思考。

（一）歌曲的选择

在最初设计本节课时，选取了 *What can you do*？歌曲，目的是激发学生的学习兴趣，并能够复习旧知“He/She can ... ”为后面产出做铺垫，但在试讲时，发现这首歌曲对于一年级的学生来说，曲调和歌词都不是很容易掌握，而且与主题也不是很贴合。针对上述问题，教师在后面的授课中进行了反思，把歌曲调整为 *Mummy Mummy*。同时在演唱时，教师带领学生边唱边做简单动作，将歌曲和身体动作相结合，帮助同学能够更好地理解歌词，同时娱悦身心，提高学生的学习兴趣。

（二）词汇教学

本课的词汇教学部分内容是：学习 yard，yogurt，zebra，zoo 等词，由于单词比较多，且跟课文内容关联不是很紧密，于是教师就借助 A－S－K 理念，将词汇内容巧妙地糅合到情境中，在果果上午开完 party 之后，依旧延续主线，下午去动物园游玩。并且，在词汇教学中，教师还采用了一些与平时课堂教学不太一样的方法：A. 采用实物、图与词相匹配，调节声音大小等多种认读和游戏的形式帮助孩子学习词汇。B. 唱歌谣的同时配以动作，用动作来解释词汇内容，也符合一年级学生活泼好动的特点，增强了歌谣的趣味性，同时让学生能直观地感到字母的书写。

（三）对话创编与展示

在最初的设计中，以 4 人为一组进行创编对话和表演。但是，由于一年级的学生合作的意识和能力还不够，英语表达也处于基础阶段，教师在实际教学中进行了调整：A. 把 group work 变成 pair work 进行对话；B. 对话的创编融入英语课已学句型（如：I can ... ），使对话更加真实丰富。

基于上述变化，学生在练习环节更加充分，展示环节也更加顺畅。

四、改进措施

由于 A－S－K 英语学科共创课程，教师还在摸索过程中，所以从对课程整体的理解，再到每一个教学环节的设计，都需要不断地思考和调整。通过这次教学，教师认识到在以下几个方面要有所改善，从而使教学效果不断提升。

（一）精简教学内容，保护学生学习兴趣

由于低年级学生的年龄特点，保护他们对英语学习的自信心和兴趣尤为重要，所以要能根据学生的需求和能力准确把握教学的内容。例如，在本课的设计中，最初设计补充句型“I like to do something with ...”。但在第一次试讲时，发现在最后创编对话阶段让每个同学都能说出这句话的难度较大。随后就把对话的内容简化，改成已学句型“He/She can ... ”。这样，不仅对话内容更加简单，学生们有信心主动用英语介绍家庭成员，而且复习了旧知，丰富了语言，提高了学生的英语表达能力，同时还保护了学生的自信心和学习兴趣。

（二）有效整合 A－S－K 与英语教材内容

A－S－K 课程每个月都有一个相对独立的主题，如果能够将它与英语教材内容有效地整合，势必将起到事半功倍的效果。在这次的尝试中，教师将教材的教学内容与歌曲 *Mummy Mummy* 中提到的家庭人物整合进行学习和复习，取得了不错的效果。同时对于小学低年级学生来说，将歌曲和身体动作相结合，符合学生的身心发展特点，让学生融入优美的旋律中，在说、唱、做、表演中，进行无意学习，从而逐渐形成对英语的感知能力和良好的学习习惯。在今后的教学中，可以尝试把 A－S－K 课程与英语课程整合到一起，作为每节课导入，让学生能够自然地把学习的知识融合到一起，提高学生的学习兴趣，让学生们在有限的时间里能收获更多知识。

（芮雅岚）

本节课是以“他是谁”为主题，引导学生询问及回答某人是谁，并表达对他们的喜爱之情。教师在关注学生介绍朋友和家人表达的同时，鼓励他们主动表达对朋友和家人的喜爱，形成主动和他人交流的习惯。

教师基于 A-S-K 攻关课程理念，结合英语课程展开第五单元第19课的学习。由唱演歌曲 *Mummy Mummy* 作为热身活动引入主题，以果果和家人来参加 party 为教学背景，引出本课主线——果果的“六一”儿童节。教师通过图片、提问、猜测等手段来调动学生的思维和学习的积极性。教师能够把握每个环节的重点，family album 活动设计贴近生活和表达需求，将语言学习和运用巧妙地结合，促进学生多技能发展，渗透了朋友间和家人间的相互了解和关心，也增强了学生对亲情、友情的感知和体验。活动设计层次清楚，可操作性强。

通过本堂课的学习，学生学习了家庭成员的英语表达，在表达中能够正确运用 He/She，最后通过介绍家庭成员的小组展示活动，内化语言和输出语言。授课过程中教师结合 A-S-K 课程理念注重学生学习兴趣的培养，但仍需进一步理解 A-S-K 课程核心，运用说一说、听一听、唱一唱、演一演的模式，更好地融入日常英语教学中。结合学习内容让学生在会话教学的学习和表演过程中，通过多种方式为学生体验、参与、实践和学习提供充分的机会，激发学生更好地在实际情境中运用语言。

（乌兰）

《回收》教学设计

课程名称	英语 回收				
备课人	邹晨	上课时间	2019. 4	授课班级	二（15）
学习目标	1. 学生学习《小猪佩奇》的原版动画短片，了解什么是资源回收。 2. 利用多媒体教学资源，以视、听、说相结合的方式观看动画短片，学生学习并运用功能句“Put tin cans / bottles / newspapers in blue / green / red box”表达物品回收的语言。 3. 学生能够模仿原版动画的语言，并且表演简单的小对话。 4. 学生结合身边的资源回收，理解保护环境的重要性。				
重点、难点	1. 学生能够运用所学语言表演小对话。 2. 学生能够把资源回收的理念落实到生活中。				
课前准备	PPT课件、道具、原版动画短片				
教学方法	采用感知、体验、参与、合作等方式设计多种活动，在原版动画的情境下，通过游戏、对话、表演等形式，学生在教师的指导下完成学习任务。				

教学过程设计				
教学阶段	师生活动	设计意图	技术应用	时间规划
Warm up	T：Good morning, boys and girls. Today, we have a class in school hall. There are so many teachers. Let's say hello to them. Ss：Hello, teachers! T：Now, let's sing a song together.	为学生介绍上课地点并和老师们打招呼。通过歌曲热身，为上课做准备。	歌曲视频	
Activity 1 Lead in	1. Let's sing： Ss sing a color song. I see colors everywhere. T：You're good at singing! Are you ready for class? Ss：Yes! 2. Watch and say： T：We will have a magic class. You sing the color song very well. We have many colors in our life. Look! What	播放《小猪佩奇》的片头旋律激发学生兴趣，引导学生猜测主题。	PPT课件、图片	

续表

教学过程设计				
教学阶段	师生活动	设计意图	技术应用	时间规划
Activity 1 **Lead in**	color is it? S：Pink! T：Listen, who is coming? S：Peppa Pig! T：Yes. Do you know Peppa? S：Yes! T：Shows the video. T：In Peppa's family, I like Peppa very much. Because she is smart and brave. Who do you like? And why? S：I like Peppa / George. Because he / she is ...	和学生简单交流《小猪佩奇》的主要人物，唤醒学生的已有认知。	动画视频	
Activity 2 **Learn the story**	1. Watch and say: T：Our story is about her family. Now, let's watch a story. What's the topic of the story? Ss watch the video. T：What the topic of the story? S：Recycle / Recycling. (T Sticks the title "Recycling" and learn.) T：What do you know from the story? S：Tin cans / Newspapers / Bottles ... (T sticks pictures.) T：But what is recycle? Let's watch the first part of the story. S:... T：That means some things can be used again. (Stick the sentence on the blackboard.) T：What things we can use again? S：Papers/Bottles/Car/Box...	出示主题，观看动画短片，初步感知资源的回收。 通过观看视频的第一部分了解什么是资源回收。	动画视频 动画视频	

续表

教学过程设计				
教学阶段	师生活动	设计意图	技术应用	时间规划
Activity 2 **Learn the story**	2. Watch and match: T: Very good! Do you remember the three boxes? Look, what color is it? (Stick the boxes on the blackboard.) S: Blue / Green / Red. T: These boxes are recycle boxes. What things can be put in them? Let's watch. S: Tin cans – blue box Bottles – green box Newspapers – red box Ss do the match and say the words. T: We can say: "Put tin cans / bottles / newspapers in the blue / green / red box." T: Look! I have three boxes on the desk. Can you say it by yourself? Who wants to try? S1: Put ... in ... S2: Put ... in ... S3: Put ... in ...	通过观看视频的第二部分了解根据颜色进行资源回收，并学习语言"Put ... in..."。	动画视频	
	3. Watch and say: T: Let's go on our story. Peppa's family is going out with these recycle boxes. Where do they go? Let's watch. S: Recycle center. T: Yes! Ms Rabbit likes recycling very much. Does their car need recycle? S: Yes. ... T: Is it old? Is it rusty? S: No! ... T: Yes! The car doesn't need recycle. Because it's not old. And they love it.	通过观看动画的第三部分，学唱插曲，为创编小对话做好铺垫。	动画视频	

续表

教学过程设计				
教学阶段	师生活动	设计意图	技术应用	时间规划
Activity 3 Sing and act	1. Listen and sing： T：Peppa and George sing a song. Can you sing it? Let's listen and try. Ss learn to sing a song. Key point：We're going to recycle. Step 1：Listen and watch the song. Step 2：Read the words and sentences. Step 3：Faster game. Step 4：Sing with body language. Step 5：Watch and sing with body language.	学生配合动作学唱插曲，分四步重点学唱“We're going to recycle”一句。	歌曲视频	
	2. Summary and retell： T：We learnt recycling today. Look at these pictures, Peppa's family is having breakfast. They clear up. They put ... in recycle boxes. And then, they go to the recycle center and sing a song.	回顾整个故事的脉络，并梳理本课所学。	PPT 课件、图片	
	3. Act and play： T：Now，let's act the story. There is mum，dad，Peppa and George. They said：“Breakfast is yummy！Let's clear up. OK！Put the tin cans in blue box. Put the bottles in green box. Put the newspapers in red box. Let's go to the recycle center.”	表演对话，分组练习。（借助动画短片中的角色进行对话的表演，运用语言“Put ... in...”由老师和同学扮演不同角色展示对话，为学生小组练习做示范。）	PPT 课件、图片	

续表

教学过程设计				
教学阶段	师生活动	设计意图	技术应用	时间规划
Activity 3 Sing and act	T and Ss act first. T：I'm Mummy Pig. Who wants to be Daddy Pig / Peppa / George? Example： 【Mummy Pig：Breakfast is yummy! Let's clear up. Daddy：OK! Put the tin cans in blue box. Peppa：Put the bottles in green box. George：Put the newspapers in red box. Mummy Pig：Let's go to the recycle center. They sing a recycle song together.】 Students act the story with group members. Then, show the story. Recycling around us. T：You did a good job! Today we tell a story about recycling. And we know some things can be used again, like... T：In our school, we have many mini recycle centers. Look at this picture. What does the box recycle? S：Books / Bottles. T：Good! What does this box recycle? S：Straws. T：Yes! We also have straws recycle center. We can put straws in it. Let's do the recycling everyday.	教师总结本课所学内容，引导学生利用功能句“Put... in... ”说一说学校里的迷你资源回收站。根据学生身边熟悉的资源回收再利用的事升华主题，培养学生保护环境从身边的小事做起的习惯。		

（邹晨）

《回收》教学反思

2019 年 4 月，史家小学二年级的教师和学生又迎来了 A－S－K 课程英语学习。英语学科属于 A－S－K 课程体系中的学科攻关课程，是核心素养中语言素养的重要方面，是对学生态度（Attitude）、知识（Knowledge）和技能（Skill）的综合训练。现就该课程做如下反思。

一、指导思想与理论依据

《义务教育英语课程标准》指出，基础教育阶段的任务之一是“激发和培养学生学习英语的兴趣，使学生树立自信心，养成良好的学习习惯和形成有效的学习策略，发展自主学习的能力和合作精神”。英语教学首先要以激发学生学习兴趣为前提，并努力为学生创设轻松愉悦的学习环境，同时通过真实的语境维系并发展学生的学习兴趣，最终达到培养学生英语运用能力的目的。本课选取英语歌曲及简单的角色表演的教学方式，使英语歌曲将英语知识、技能及文化体验融为一体，力求达到娱悦学生身心，提高学生学习英语的兴趣，活跃课堂气氛的目的。

二、教学背景分析

在一年级学英语学科时，便体验了这门课的研究过程。相比上一学年，我们对课程理念的理解更加清晰，备课的思路更加明确，整个备课的过程也比较顺利。那时我们以说一说、听一听、唱一唱、演一演的循环模式，让学生在英语歌曲的学习与表演过程中，体验语言文化。二年级则是通过原版电影（动画）来感受地道的语言，体验和习得语言。最终把影片定为学生比较熟悉的《小猪佩奇》系列故事。这个原版动画时间的长度比较合适，也正契合资源回收的话题，学校里也开展了各类物品循环利用的活动，是学生相当熟悉的内容。

（一）课程分析

本节课的学习内容是通过《小猪佩奇》之Recycling的故事了解资源分类回收的概念和方法。学生需要知道：（1）Recycling的意思是一些物品可以循环再利用。（2）利用多媒体教学资源学习并运用功能句：Put tin cans / bottles / newspapers in blue / green / red box.（3）能够模仿原版动画的语言并且表演简单的小对话。低年级的学生还是喜欢唱歌和表演，在表演故事中插入了短片中的插曲，通过TPR的方式，配合动作边演边唱，学生容易接受并辅助理解歌曲含义。学生在他们熟悉的学习方式（即说、唱、做、表演）中进行学习。

（二）学生分析

学生有了一年的英语学习基础，大部分同学对英语学习的兴趣越来越浓厚，他们喜欢模仿人物说话的语音语调，也热衷于参与配音、表演、唱歌、绘本展示等一系列课堂活动，这和A－S－K英语攻关课程的学习内容和方式都很贴合。

基于上述分析，我制定了以下的教学流程（图2－7）。

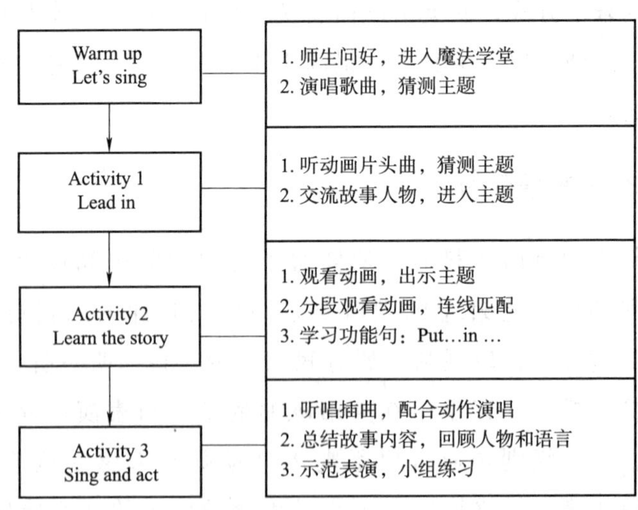

图2－7　教学流程

本节课通过歌曲演唱、观看故事、趣味连线、角色扮演等一系列活动，让学生“在看中学，在说中学，在做中学”。在整个教学过程中，把以下一系列问题相互串联，让学生带着问题细致地观看这个故事：What's the topic of the story? / What do you hear from the story? / What is recycle? / What things we can put in the recycle boxes? / Where do they go? 根据教师板书和课件的引导，结合边说边做和边唱边做的小活动使学生置身故事情节中，让学生从故事中提炼出问题的答案，从而达到会用简单句“Put... in... ”的目的，并引申到现实生活中的可回收物让孩子们更加深入地理解。

三、教学反思

下面将重点从背景知识学习、功能句与词汇教学、角色扮演与展示三方面来反思本节课的教学过程和效果。

（一）背景知识学习

《小猪佩奇》系列故事是目前比较热门的英文动画，它每一集的时间长度比较合适，内容也正符合现在资源回收的话题。学校里也开展了各类物品循环利用的活动，是学生们相当熟悉的内容。在课堂上我们认真观看这个故事，根据教师的引导让学生从中提炼出关键点，结合边说边做和边唱边做的小活动使学生置身故事情节中，并拓展到现实生活中的可回收物让孩子们更加深入地理解。

（二）功能句与词汇教学

这个动画片里的词汇有 recycle，bottles，tin cans，newspapers，recycle box 等。在教授词汇的过程中，以“带读—学生 one by one 地认读—加上动作认读”三步法来解释词汇的意思，并带入功能句“Put... in... ”让学生更加明白故事的意义，通过边做边演的方式增强了课堂的趣味性。

（三）角色扮演与展示

让学生在体验中习得语言是本节课的目标及意义。为了让学生们敢于张口表达，在角色扮演的时候尽量使用简单句，展示中还加入了演唱一小段插曲，这样既丰富了形式，又能使学生在练习和展示时从理解到运用都能很顺利（图 2－8）。

图2-8　教学设计

四、改进措施

反思这节课，我感觉学生对学习的内容很感兴趣，能够积极地参与老师设计的活动。但这节课还是有一些设计需要修改和完善。

首先，在初次观看故事之后，可以让学生充分地说一说听到了什么，看到了什么，把更多的时间交给学生，用简单的词或句子聊一聊这个故事，会让课堂的语言更加充实；在角色扮演环节，采取了文字、图像相结合的方式，对话内容简单了，学生们自然就有自信敢张口说话了。

其次，在教授主句型时可以再多找几个学生上台边说边做，使他们尽可能多地“在做中学”，说得多了学生们自然就有自信了；结合社会热点问题与课程整合正是现在英语教学的大趋势。将生活中的资源回收利用和动画短篇的故事有效地整合在一起，使课程更加富有逻辑性，让学生们在有限的时间里能收益最大化。

最后，在角色扮演环节，教师应该再放开一些，把示范做得再到位一些，这样就能大大激发学生表演的欲望，故事情节的进展会更加顺利。如果老师的引导和鼓励及时、精准，孩子就能更自信和大方。

（邹晨）

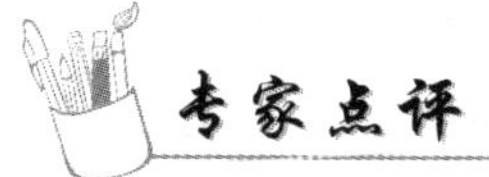

本节课内容丰富，教师通过设计歌曲演唱、观看故事、趣味连线、角色扮演等一系列活动，让学生“在看中学、在说中学、在做中学”。

一、以学生的“学”为本，关注过程与方法，体现课堂实效性

学生是学习的主体，教学设计应该紧紧围绕学生的“学”来展开。本节课的教学设计充分考虑到二年级学生的年龄特点和实际水平，在活动之间搭设台阶，并给予学生们思考的空间，使不同层次的学生都能有所收获。学生通过唱、听、说、游戏、表演等多项活动参与课堂。活动激发了学生们的学习兴趣，提高了学生们学习英语的积极性。

二、注重教师的导向作用，关注情感与生活

教师是学生一切学习行为的主导因素，学生习得知识的多与少，主动与被动，都主要取决于教师的“导”。本节课授课对象是二年级学生，教师贴近学生们的生活经验，借助一条主线《小猪佩奇》系列故事中的 Recycling 故事带领学生们来了解资源分类回收的概念和方法。在这一线索的引领下，学生们知道了 Recycling 的意思是一些物品可以循环再利用。教师通过多媒体教学资源给学生展示功能句和词汇：Put tin cans / bottles / newspapers in blue / green / red box... 一切看似复杂的单词和句子就在这一情境线索的贯穿下变得顺其自然、易于理解了。最后教师和学生们一起总结出环保的价值，渗透给学生们绿色生活的理念。

三、活动与话题有效结合

学生在本节课的学习过程中，能够模仿原版动画的语言并且表演简单的小对话。低年级的学生对唱歌、模仿和表演有着极大的兴趣。

语言只有在具体的情境中才具有其特定的含义，因此语言的学习与运用只有在产生需求的情况下才能够有效地进行。教师为学生们学语言、用语言所创设的场景突出了学习的交际性和实用性，环节层次清楚明了，鼓励学生的同时增加了其学习的自信心。

在本节课上，学生能够在教师的引领与启发下进行学习，理解所学内容。教师在教学过程中更加关注过程与方法的选择，关注了学生学习策略的渗透，提高了课堂活动的实效性。

（徐莹）

第四节　道德与法治模块

《大家一起来合作》教学设计

课程名称	道德与法治 大家一起来合作				
备课人	崔玉文	上课时间	2019.7	授课班级	一（6）
学习目标	1. 初步了解合作的特点，知道合作需要有目标、有分工、有方法，需要合作时用沟通商量的方法解决问题。 2. 感受学习和生活中很多方面需要合作，合作很重要。 3. 通过游戏体验合作的过程。				
重点、难点	重点： 初步学习合作的技能，体验成功合作带来的快乐和成就感。 难点： 能发现和解决学习、生活中合作时出现的问题。				
课前准备	1. 配有小视频的 PPT。 2. 学生用书。 3. 收集生活中合作的事例或小故事等。 4. 分组合作任务的道具。				
教学方法	活动教学法、师生交流互动				
教学过程设计					
教学阶段	师生活动	设计意图	技术应用	时间规划	
观看动画片（导入）	师：今天有个好朋友和我们一起上课，是谁呢？一起来看她的故事。（播放《海底总动员》片段） 师：多莉是自己找到父母的吗？她遇到困难是怎么做的？ 师：以后，当我们碰到一件比较复杂难做的事时，可以选择和大家一起合作，就可能把这件事做好。今天我们就来学习跟这有关的内容。（板书：大家一起来合作）	利用动画片激发孩子学习的愿望，初步感受合作的重要。	播放动画片	5 分钟	

续表

教学过程设计				
教学阶段	师生活动	设计意图	技术应用	时间规划
贴鼻子	师：多莉找到爸妈以后，又可以和伙伴们一起玩了。他们玩了很多游戏，你玩过贴鼻子的游戏吗？怎么玩？下面我们一起来玩一玩吧。 师：谁最有信心帮黑板上的小多莉贴上鼻子，而且要把鼻子贴得正正的？ 师：别着急！这个游戏可是要先蒙上眼睛，然后转3圈再开始的哟！其他同学可不能提示他。 师：真可惜，这位同学的挑战失败了。有什么好办法吗？ 师：哪两位同学一起来试一试？ 师：恭喜你们，成功地给小多莉贴上了可爱的鼻子！ 师：同学们，这一次为什么能够把小多莉的鼻子贴得这么准呢？ 师：两次贴鼻子，一次一个人贴，一次两个人合作，你们发现什么了？ 师：看来，有人帮，大家一起来合作就是不一样，合作真重要啊！ 师：老师要采访你们一下，你们玩的游戏叫什么？都叫贴鼻子，说明你们在玩相同的游戏，有共同的任务。你们希望鼻子贴得怎么样？都希望又快又准，说明你们有共同的目标。(贴板书) 师：虽然都在贴鼻子，你们都负责什么事啊？对，每个人任务不同，也叫有不同的分工。(贴板书) 师：我们一起玩了多莉和小伙伴的游戏，还知道大家一起合作要有目标、有分工，这个游戏真有收获呢！	利用游戏激发学生学习的兴趣，感受到合作的重要性。 初步了解合作需要有共同的目标，要有分工。	PPT	10分钟

续表

教学过程设计				
教学阶段	师生活动	设计意图	技术应用	时间规划
小球逃生	师：多莉和小伙伴还玩了一个游戏呢！知道小球逃生怎么玩吗？谁来说一说？ 师：刚才同学们说得不错。老师这里有一个窄口瓶，里面有5个小球，哪一组同学能在最快的时间内将小球全部拽出，哪一组获胜。你们觉得几个人玩这个游戏？为什么不是一个人？这5个人怎么分工？ 师：接下来就按照大家说的5个人一组，前后几个同学可以组合一下，哪组分好为哪组发材料，然后开始体验。 师：你们遇到问题没有？说一说怎么解决？有什么好办法？ 师：我们再来试一试！ 师：这一次，哪一组用最快的时间让小球都逃出来了？请完成的小组分享你们的小窍门。 师：看来，大家一起来合作，除了有目标、有分工，还要有好方法。有了正确的方法，才能帮助我们更好地完成任务。 师小结：合作要共同商量，找到一个大家认可的好方法，这样才有序，争抢是没有好结果的。	学生通过游戏，发现自己遇到的问题，努力想办法克服困难，在合作中感悟到大家共同商量，才能解决问题。	PPT	15 分钟

续表

教学过程设计				
教学阶段	师生活动	设计意图	技术应用	时间规划
联系生活说合作	师：今天我们看了多莉和她的小伙伴一起合作穿管道的故事，一起玩了多莉他们的游戏。多莉想了解你们在学习和生活中有没有大家一起合作的事情，能和我们分享一下吗？ 师：我们来看看这些照片！大家一起拔河，锻炼身体；大家一起参加新年颂诗会，表达对新年的期待；大家一起看书，不认识的字互相询问，还可以分角色朗读，收获学习的快乐！ 师：为什么有的同学一起做事时吵架不开心呢？打开书看一看。 师：看来，大家一起合作，要共同商量，找出最佳方案合作。 师：来，让我们一起读一读这首合作小儿歌吧！ 大家一起来合作， 有分工，巧配合。 遇问题，要有序， 团结合作才快乐。 师总结：在以后的学习和生活中，希望大家一起来合作，收获更多快乐！	观看照片，并且回忆分享激发继续合作的兴趣，感受更多合作的益处。 利用儿歌进行总结，激发学生继续合作的心理和愿望。	出示照片	10分钟

（崔玉文）

《大家一起来合作》教学反思

2019 年 3 月至 7 月，史家小学一年级道德与法治教师不断与 A－S－K 课题组老师一起磨课，经过不断修改教学设计、课件，多次试讲等，最终在 7 月 9 日成功展示了《大家一起来合作》一课。下面对此课进行反思。

一、指导思想与理论依据

《青少年法治教育大纲》指出，“将法治教育纳入国民教育体系，从青少年抓起，在中小学设立法治知识课程”。在小学阶段，着重普及宪法常识，养成守法意识和行为习惯，让学生感知生活中的法、身边的法，培育学生的国家观念、规则意识、诚信观念和遵纪守法的行为习惯。具体到小学低年级（一、二年级），其中一项便是初步建立规则意识，初步理解遵守规则、公平竞争、规则与公平的意义与要求。初步建立法律面前人人平等的观念。

《义务教育品德与生活课程标准》指出，引导学生热爱生活、学会关心、积极探究是课程的核心；孩子们在活动中体验、感悟、主动建构，得到各方面发展。课程必须贴近他们的生活，反映他们的需要，并以此为基础，提升学生的生活。

本课《大家一起来合作》是小学一年级的道德与法治课，希望学生通过游戏体验，初步理解合作的意识和方法，知道遇事要商量，人人平等。教师要引导学生通过游戏发现大家一起来合作非常重要，在合作过程中要有共同的目标，有分工，每人负责做好自己的事情；积极利用身边发现的各种资源，遇到问题还要积极努力地想办法，通过大家的共同努力，最终实现团队目标。同时还要注重学生生活与课程教学的整合。

二、教学背景分析

教师在教学之前，一定要充分了解教材单元和主题之间的关系，本课的教学定位和主要教学目标，熟悉学生的主要情况，然后设计教学，才会取得更好的学习效果。

（一）课程内容分析

本课选自人教版《道德与法治》一年级下册《大家一起来合作》中的第一课时。在这个单元里，学生在观察、动手实践、参与体验、分享交流等活动中，感受到合作的重要。

（二）学生分析

多数一年级学生喜欢合作，愿意与身边的大人或者同龄的孩子一起做各种各样的事情。但因为年龄所限，他们不太懂得在一起合作的过程中需要注意哪些事项。他们自控能力比较差，在以往的课堂学习中，尤其是小朋友合作时容易出现冲突和争抢的现象。仔细分析原因，不少孩子总是在家里享受大人对自己的迁就与宠爱，不太会谦让别人。个别学生因为性格内向，需要教师引导他们遇到困难要主动去和别人合作，合作需要每个人的努力、互相包容。

基于以上分析，教师制订了本课的教学流程（图2－9）。

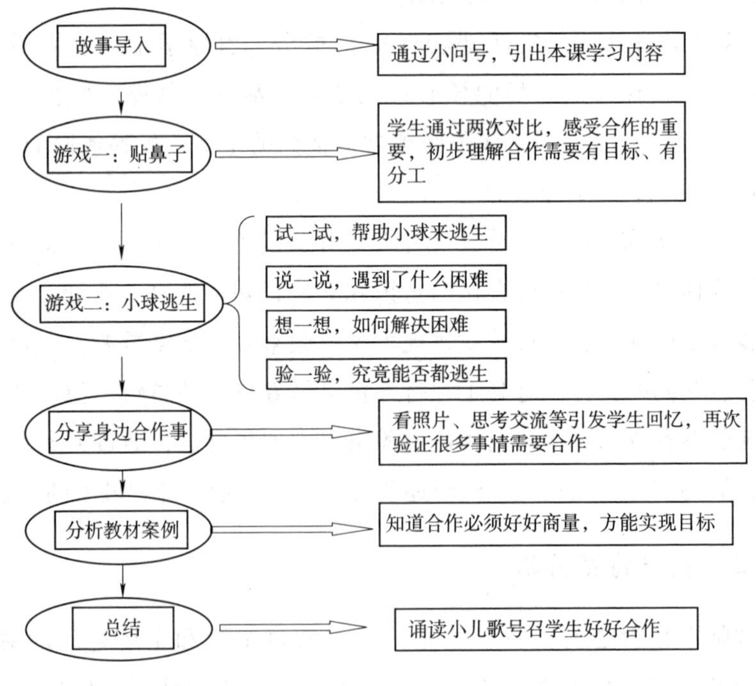

图2－9　教学流程

在本课中，教师通过两个小游戏，让孩子们逐渐认识到合作的重要，在做比较复杂的工作时，合作更容易取得比较好的效果。孩子们在游戏的过程中，不断遇到各种困难，需要教师引导他们发现合作需要每个人努力并互相包容，让他们懂得在一起合作中需要注意哪些事情、有什么具体的方法等。整个过程中，孩子们表现得非常积极投入，参与的热情很高，也收获了很多感悟。

三、教学反思

教师为了顺利实现教学目标，在课前、课中、课后都要做好充足的工作，更好地促进教学。

（一）课前充分了解学生，课上针对学生表现，适当调整学习内容

课前，教师对学生进行了访谈，请学生回答“喜欢做哪些游戏”“与别人一起做事情需要注意什么”，等等。针对学生的回答，做了认真的统计，课前关于学生对合作的了解有了大体的认识。在课堂上，教师认真倾听学生的发言，针对不同班级学生对每个问题的反应，适当调整课堂教学内容，选取学生喜欢、课堂容易操作、符合教学需要的游戏让大家一起参加、对比、发现、感悟等，真正在学生原有认知基础上有所提升，满足了不同水平学生的学习需求，所以教学效果会更好一些。

（二）课后认真总结，与本学科特点相结合，开发更多课程资源

本学科大纲强调，要充分开发和利用各种资源，体现学科的开放性。

首先，教师从一些学生喜欢看的动画片中选取一段适合教学需要的片段，大家一起观看，引导学生发现：以后自己学习和生活中遇到困难，可以求助身边的小伙伴，大家一起来合作，努力实现自己的目标。

其次，出于学生安全和教学需要的考虑，教师选取了几个学生特别喜欢参与的小游戏，课堂上组织孩子们进行活动体验。在整个教学过程中，教师充分利用学生发现的困难，一起努力寻找背后的原因、思考解决问题的方法，然后再去实践操作。结合合作表现以及前后对比发现，大家在如何和伙伴合作等问题上进行详细交流与分享，增进

学生之间的亲近感，同时激发了他们继续努力合作、愿意好好与同伴相处的愿望。

最后，通过网络搜寻、与班主任交流等途径，教师引用了同学们参加的一些合作照片等资源。这些照片，学生看起来很亲切，也很受触动，原来自己和身边人有这么多一起合作的事情，而且好处多多、收获不少，愿意以后继续与伙伴好好合作，更好地实现了教学目标。

四、改进措施

仔细思考此段时间的备课磨课，感慨颇多。我们学科很多教学理念与课题组是相通的，尤其是双方都希望创造一定的情境，让学生亲身参与活动去发现、去感悟。在第一次试讲的时候，因为材料准备不够，我只是邀请几位同学上台，以比赛的形式进行小球逃生游戏。发现问题后全班进行交流，由于许多孩子只是观摩者，没有亲身参与，说不出自己最真实的感受。于是，在第二次试讲时，我克服了很多困难，为每个小组都准备好了活动道具，这样每位学生都能亲身参与其中，学生交流收获时就会真正有感而发，非常切合实际。这也再次证明，教师在设计一个个活动实践的时候，要充分考虑到每位学生的情况，及时进行调整，活动效果才能更好。

如果再有机会上这节课，我会设计更多开放性的问题，让孩子们更充分地表达自己的观点。比如，邀请孩子们说一说自己的收获和感受，我想不同的学生的着眼点可能不同，每个人通过活动进行体验，收获肯定有所差异。而全班同学进行分享和交流，会引发学生们更多的思考，活动也会更有成效。

真心感谢A－S－K课题组对我的帮助和肯定，我会更加努力，把学到的内容更多地引入教学中，让学生受益最大化。

（崔玉文）

本节课以“游戏、合作”为主题，引导学生通过“游戏—如何合作”这个重要的探究问题进行思考。“游戏—如何合作”是儿童成长中“自我认识”的内容，鼓励学生积极多角度认识合作的重要性，发现自己与小伙伴合作需要付出努力、互相包容，能够与伙伴积极愉快合作，享受合作战胜困难的快乐。

授课教师从一些学生喜欢看的动画片《海底总动员》中选取一段适合教学需要的片段，从多莉寻找爸爸妈妈引入，“多莉遇到困难是怎么做的”情境进行导入，进而通过让学生积极参与贴鼻子游戏进入积极的学习状态。将对动画人物多莉的思考转向对自我的思考，从“贴鼻子”“小球逃生”“联系生活说合作”三个角度，设计思维支架，层层递进，环环紧扣，启发一年级学生不断思考，自己以后在学习和生活中遇到困难，学会求助身边的小伙伴，大家一起合作，努力实现自己的目标，形成战胜困难的自我认识。授课中教师能够把握每个阶段的关键点，采用游戏和探究提问的方式，进行难点突破，引发学生不断思考并积极反馈。

通过本节课的学习，引导学生在课堂上进行活动体验。充分利用学生发现的困难，一起努力寻找背后的原因、思考解决问题的方法，然后再去实践操作。结合涉及的合作表现以及前后对比发现，大家在如何与伙伴合作等问题上进行详细交流与分享，增进学生之间的亲近感，同时激发了学生继续努力合作、愿意与同伴和谐相处的愿望。

学生了解了自己的优缺点，认识了自我和他人的不同，体验到探究思考和小伙伴合作战胜困难带来的快乐。授课中教师注重学生参与，但仍需进一步从学生角度来审视课程，给予学生更多自由思考的空间，把握关键问题的同时适度追问，引发学生更深入地思考，进一步启发学生探究的悟性。

（许凯潘）

《小水滴的诉说》教学设计

<table>
<tr><td>课程名称</td><td colspan="5">道德与法治
小水滴的诉说</td></tr>
<tr><td>备课人</td><td>张鹏静</td><td>上课时间</td><td>2019.6</td><td>授课班级</td><td>二（4）</td></tr>
<tr><td>学习目标</td><td colspan="5">知识与技能：
了解水是生命的重要组成部分，知道水资源现状，知道节水的方法。
过程与方法：
通过层层深入的活动探究，了解水资源的现状；通过节水实验，反思浪费水的行为，树立节水意识；通过“节水行动手账”课后拓展活动，养成节水习惯。
情感、态度和价值观：
通过探究活动，感受水的重要；通过了解水资源的现状，增加危机感，树立惜水意识；在真实的情境中寻找节约用水的方法，养成节水的行为习惯。</td></tr>
<tr><td>重点、难点</td><td colspan="5">通过观察和反思浪费水的行为，以及在真实的情境中寻找节约用水的方法，养成节水的行为习惯。</td></tr>
<tr><td>课前准备</td><td colspan="5">PPT课件、学生调查表、洗手实验用具、矿泉水</td></tr>
<tr><td>教学方法</td><td colspan="5">讲授、探究、活动体验、课后延展</td></tr>
<tr><td colspan="6">教学过程设计</td></tr>
<tr><td>教学阶段</td><td colspan="2">师生活动</td><td>设计意图</td><td>技术应用</td><td>时间规划</td></tr>
<tr><td>激趣导入
知重要</td><td colspan="2">师：同学们，“魔法学堂”又和大家见面啦！你们知道吗？尼莫和爸爸要去寻找多莉，可是爸爸犹豫着不敢去，为什么呢？我们一起来看看！
学生看视频。
提问：爸爸为什么犹豫着不敢去找多莉？
学生思考并回答。
再次提问：鱼生活在水里，离开水，就活不了了。那么别的动物或植物呢？
学生思考并回答。</td><td>通过看视频及思考，知道水是生命的重要组成部分，感受水对人类的重要意义。</td><td>播放PPT</td><td>5分钟</td></tr>
</table>

续表

教学过程设计				
教学阶段	师生活动	设计意图	技术应用	时间规划
激趣导入知重要	小结：水对于任何生命来说都是非常重要的。而且，你们知道吗？水是所有生命的重要组成部分，在动物和植物体内就含有很多水，人体的60%左右是水，人体失水达20%将危及生命，所以我们学校提醒大家每天多喝水。 今天我们就把小水滴和它的好朋友尼莫一起请到课堂上来，听一听小水滴的诉说！ 【板书：小水滴的诉说】			
游戏探究悟珍贵	小水滴的考验1：地球上可以利用的水有多少？ 引导：小水滴给尼莫出了一道考验题，我们一起来听一听。 小水滴：尼莫，我想考考你，你知道我的水滴朋友可多了，从太空中看地球，看到的是一个蓝色的地球，那是因为地球表面的70%都被我和我的朋友们覆盖着。虽然我们数量众多，但人类可以直接用来生活和生产的水却并不多，你知道这是为什么吗？ 尼莫：这是为什么？我……我不知道！ 提问：同学们，尼莫不清楚，你们知道为什么吗？ 学生回答。 提问：如果将地球上所有的水用100个小格来代表，你觉得其中有多少是淡水呢？你可以将代表淡水的小格撕下来。	借助撕纸，直观地对水资源现状进行深入探究，使原有的“水很多”的认知和经验受到严重挑战，帮助学生建立起水资源短缺的认知，产生惜水的情感。	播放音频、撕纸条	7分钟

续表

教学过程设计				
教学阶段	师生活动	设计意图	技术应用	时间规划
游戏探究 悟珍贵	学生猜想。 讲解：差不多只有两格半是淡水。那这些淡水都能被人类利用吗？不是，99%的淡水都储藏在冰山和冻土中，要把剩下的小纸条分成100份，其中只有一份是人类能利用的淡水。试着撕一撕。 提问：如果你是小水滴，你想说什么？ 学生分享思考。 板书：【我很珍贵】			
	小水滴的考验2：北京缺水吗？ 提问：我这里有两瓶水，你会选择喝哪瓶水？为什么？ 我们觉得不能喝的水，但在有些地方，人们却把它们当成宝贝。我们听听小水滴是怎么说的。 小水滴：地球上人类能够直接利用的水本来就占很小的一部分，而且由于这些水分布得很不均匀，有些地方多，有些地方又极少。在我国甘肃等地区就严重缺水，这些地方的人将含有泥沙的水也看得极珍贵。 尼莫，同学们，你们觉得北京缺水吗？ 尼莫：我刚到北京来，还不太了解，同学们一定了解北京水资源的情况。同学们，你们觉得北京缺水吗？ 师：小水滴又给尼莫出难题啦！你们觉得北京缺水吗？	通过小水滴和尼莫的对话，激发学生了解北京水资源现状的情况，再通过对比、视频和讲解等方式，进一步激发学生的爱水、惜水意识。	播放PPT、播放视频	7分钟

续表

教学过程设计				
教学阶段	师生活动	设计意图	技术应用	时间规划
游戏探究悟珍贵	学生分享自己的想法。 看小片，了解一下北京的水资源现状。 提问：通过小片，你知道了什么？ 学生分享自己了解的知识。 预设：北京极度缺水。 北京的水不够用，要从其他地方调水。 讲解：以前，我们所使用的水来自密云水库，输水距离75千米，后来水不够用了，要从河北的水库调水，输水距离310千米，现在，北京80%的用水要从湖北输送过来，输水距离为1277千米。 小结：北京是一个极度缺水的城市，为了保障北京的用水，国家投入了大量的人力物力建设南水北调工程，为此，有30多万人离开了自己的家。这是老人在搬家之前在自己的家乡吃最后一顿饭。 了解了南水北调工程，了解了有这么多人为保障北京用水而做出了贡献，你会怎么做呢？ 学生分享。 【板书：我要节约】			
实验对比谈利用	1. 小水滴的倾诉：生活中浪费水的现象 师：知道同学们要节约用水，小水滴非常感动，然而有些人却有时会浪费水。在会议结束后，喝剩的半瓶水就这样被扔在会场，水龙头的水哗哗流着，没有人关。同学们，你知道还有哪些浪费水的现象？ 学生分享。 师：尼莫也有自己的发现，我们来听一听。	了解人们日常浪费水的行为，激发学生保护水、节约水的情感。	播放PPT、播放视频	2分钟

续表

教学过程设计				
教学阶段	师生活动	设计意图	技术应用	时间规划
实验对比谈利用	尼莫：我每次洗手，涂洗手液时都将水龙头关上，但我发现多莉每次涂洗手液时都不关水龙头，这得浪费多少水呀！ 2. 尼莫、多莉洗手实验大对比 师：涂洗手液时不关水龙头，这样到底会浪费多少水呢？我们做个洗手实验来看一看。 实验过程： （1）请两位同学，一位同学代表尼莫，一位同学代表多莉，洗手时开相同大小的水，并且都按照标准的洗手流程洗手； （2）两人都挤一滴洗手液，代表尼莫的同学涂洗手液时关水龙头，代表多莉的同学不关水龙头； （3）洗完后比较用水量相差多少。 计算： （1）我们班有多少人，一次洗手可以节省多少水？ （2）我们学校有 4000 多名学生…… （3）北京有 2100 多万人…… 学生倾听与简单计算。 提问：面对这样的情况，你今后会怎么做？ 学生分享。 【板书：及时关水不浪费】 延伸：还有哪些情况可以及时关闭水龙头？ 学生思考回答。 如果我们平时在刷牙、洗脸、洗水果、洗澡时，都能及时关闭水龙头，那将节约更多的水！ 师：我们刚才洗过手的水还想发挥更大的作用，你能帮帮小水滴吗？	通过洗手实验的对比，直观地感受不节约用水造成的浪费，激发节水意识；并通过在真实的情境中探究“一水多用”的方法，养成节水习惯。		9 分钟

续表

教学过程设计				
教学阶段	**师生活动**	**设计意图**	**技术应用**	**时间规划**
实验对比谈利用	学生思考分享。 【板书：一水多用巧节约】 3. 我家的节水妙招 师：课前，很多同学调查了家里的用水量，通过计算，有位同学家里的平均用水量比较少，我们请她给我们介绍一下，她家里有哪些节水妙招。 学生介绍。 小组合作：生活中，你还有哪些节水小妙招？ （1）在小组里分享自己的节水妙招，并认真倾听别人的分享； （2）小组讨论，选出 2 个大家都愿意尝试的节水妙招，并记录在学习单上； （3）小组汇报讨论成果，并贴板书。	通过分享自己生活中看到的、应用的节水方法，以及讨论愿意尝试的节水方法，从行为上强化节水行为。	投影、播放 PPT	7 分钟
拓展延伸养习惯	**提问**：有这么多节水的方法同学们愿意尝试，真好！但是，我在生活中也经常看到这样的情况，有些人知道节水的方法却仍然浪费水，这是为什么呢？ 学生思考并回答。 总结：如果没有行动，有再多的口号，知道再多的方法也没有意义。 老师希望同学们从今天开始，就从及时关闭水龙头开始，养成节水的习惯。老师送给每位同学一张节水行动手账，请你从今天开始，每天记录自己使用的节水方法，并在手账上做简单标记。希望能利用 21 天的时间养成节水的习惯，让我们都成为一个节水行动派！	通过观察人们的行为，思考人们不节约用水的原因。再借助节水行动手账，强化节水习惯的养成。	播放 PPT	3 分钟

（张鹏静）

《小水滴的诉说》教学反思

2019年5月开始，我接到了A-S-K道德与法治学科共创的任务，学科共创通过共同备课和课堂教学来实现。我以《小水滴的诉说》一课进行教学反思。

一、指导思想与理论依据

《义务教育品德与生活课程标准》的基本理念重视道德教育与生活的关系，认为“道德寓于儿童生活的方方面面，没有能与生活分离的道德，也没有能与道德分离的生活，儿童品德的形成源于他们对生活的体验、认识和感悟，只有源于儿童实际生活的教育活动才能引发他们内心的而非表面的道德情感、真实的而非虚假的道德体验和道德认知”。

游戏化教学是指以学生为中心，注重学生主动参与和互助合作精神的激发，重视课堂教学的游戏性与趣味性，使枯燥的说教转变成有趣的学习的一种教学方式。

本课以《义务教育品德与生活课程标准》和游戏化教学理念为依据，紧密联系学生的生活，依托多个游戏体验活动，展开“惜水、节水”的教育，将节水习惯落到实处。

二、教学背景分析

对教学背景中的教学内容与学生状况分析，如下：

（一）教学内容分析

本课选自部编版二年级下册《道德与法治》课本“绿色小卫士”，本单元以环保为主题，从学生最熟悉的水、空气和纸张出发，引导学生节约资源，文明生活，从而成长为绿色小卫士。本课《小水滴的诉说》，以“我很珍贵”“我遭遇了不幸”“快来帮帮我吧”三个板块，让学生理解水是生命的重要组成部分，激发学生爱水惜水的情感，进而养成节约用水的行为习惯。

（二）学生分析

我对二年级部分学生进行了问卷调查，发现有将近 60% 的学生认为北京不缺水，对水资源现状不了解，一定程度上影响了学生的用水习惯；学生能够发现身边浪费水的现象，但不能做到自觉节约用水。

基于以上对教学内容和学情的分析，我将教材内容重新组合，将“我遭遇了不幸”板块中与学生生活联系不紧密的水资源污染部分设置为第二课时内容，将其他与学生生活密切相关的内容设置为第一课时的教学内容，并制定了以下教学流程（图 2－10）。

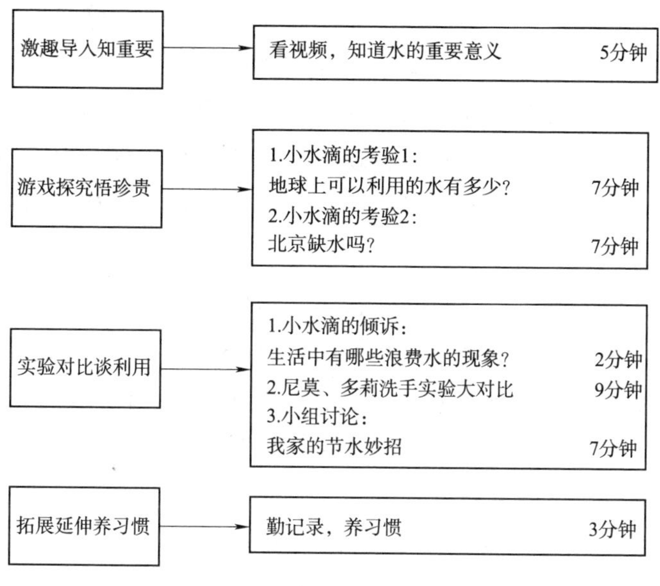

图 2－10　教学流程

本课的教学设计遵循学生的思维发展，为“初步认知—深入感悟—改变行为—养成习惯”4 个层次，并且逐层深入，力图使学生不仅认识到节水的重要性，而且促进学生养成节水的习惯。

三、教学反思

通过多次的修改和教学实践，大部分学生在课堂上学习兴趣浓厚，对节约用水有了更深入的了解，并愿意在生活中养成节水习惯。

（一）游戏教学，寓教于乐

首先，通过学生都非常熟悉的尼莫和爸爸的经历，启发学生感受和思考水的重要作用，水不仅对于生活于其中的鱼来说很重要，对于任何生命来说都是非常重要的。通过小视频的导入，学生很快进入本节课的学习内容。然后，设置小水滴考验尼莫的游戏情境，激发学生探究地球上的水资源现状（包括北京市）。其中，通过动手撕纸条的方式，让学生在游戏体验中直观地感受到可利用淡水资源的稀少。

（二）联系生活，重在行动

《小水滴的诉说》一课主要引导学生理解水是生命的重要组成部分，激发学生惜水的情感，进而养成节约水的行为习惯。“节约用水”是学生生活中一个经常谈到的话题，学生从认知上都知道正确做法。但在行为上，大部分学生还不能做到自觉地节约用水。为了能在学生认知基础上打破这种知行相悖的现状，本课的教学设计力图从多个方面进行突破。

首先，为了增加学生的危机意识，不仅引导学生探究地球上淡水资源情况，而且引导学生探究北京的水资源现状，从而拉近节水与学生生活的关系，树立惜水意识。其次，教师在介绍南水北调工程时，特别强调了“水库移民”为保障北京用水所做出的牺牲和贡献，着重从情感上激发学生的感恩之情和惜水之情。最后，为了促进学生从行为上践行节约用水，选取学生生活中的用水“小事”——洗手过程中，涂洗手液时不关水龙头，组织学生进行洗手实验的对比，让学生在真实的情境中寻找节约用水的方法。

（三）课上课下联动，养成习惯

节约用水最重要的是习惯的养成，而非空喊口号，因此本课为了促进学生养成节水习惯，特别设计了“节水行动手账”，课上课下联动，将课堂学习拓展到生活实践，强化学生节水习惯的养成。

四、改进措施

进行深入反思后，主要从如下两个方面进行改进。

（一）针对学生实际能力，提出可行的节水方法

本课教学注重促进学生节水习惯的养成。要想让学生真正养成节水习惯，需要针对学生的实际能力，给予学生节水方法的指导。但在课堂上，学生小组分享的节水方法有很多是学生在生活中实施起来难度比较大的，如收集洗脸水、洗脚水冲马桶、用淘米水浇花、收集洗澡水洗衣服等。实施难度大必然成为学生不能坚持的重要影响因素。因此，本课还应该在课上重点指导学生分享自己在生活中可实施的节水行为，促进节水行为的产生。

（二）动员学校和家庭力量，形成教育合力

学生节水习惯的养成，仅凭一节课是很难达成的，虽然本课设计了“节水行动手账”，指导学生每天记录自己的节水行为，以期通过21天的时间帮助学生养成节水习惯。但二年级的小学生自我管理能力较弱，自控力不强，因此要真正养成节水的习惯，还需要借助学校和家庭的力量，不断地提醒、帮助，形成教育合力，共同帮助学生养成节水习惯。

（张鹏静）

专家点评

本课的主题是“水”。缺水是我国各个城市普遍存在的现状，节水是每一位公民应该具备的素质。本课通过小水滴自述的形式，引导学生了解水的重要，知道水资源的现状，从而激发学生的惜水意识，并进一步养成节水习惯。

老师用《寻找多莉》的故事片段导入，结合故事情节引发学生感受水的重要性。在授课过程中，教师注重在学生的认知基础上，利用游戏、动手、实验探究等学生喜欢的活动展开教学。首先，教师有意识地利用游戏情境看视频、撕纸条的形式引导学生了解地球上淡水资源情况，并思考和探究北京水资源的现状，从而树立惜水意识。教师还选取学生生活中的用水“小事”——洗手过程中，涂洗手液时不关水龙头，组织学生进行洗手实验的对比，让学生在真实的情境中寻找节约用水的方法，养成节水习惯，从而突破本课的教学重难点。

知行统一是德育课程的最高目标，也是授课教师在设计教学时最难做到的。在本课教学中，教师特别注重联系生活，培养学生的节水习惯。从课堂效果来看，学生积极地分享、热情地参与，表明学生对惜水节水的认同。课后的“节水行动手账”也为学生养成节水习惯提供了具体的、可操作的指导，促进了学生真正在生活中践行节水，从而达到知行统一的目标。

（宋菁）

第五节　科学模块

《尼莫变形记》教学设计

<table>
<tr><td>课程名称</td><td colspan="5">科学
尼莫变形记（力与形变）</td></tr>
<tr><td>备课人</td><td>路莹</td><td>上课时间</td><td>2019.6</td><td>授课班级</td><td>二（13）</td></tr>
<tr><td>学习目标</td><td colspan="5">知识与技能：
知道力可以使物体的形状发生改变；培养学生观察、比较、分析、归纳的能力。
过程与方法：
通过对橡皮泥、弹簧、海绵、橡皮筋等材料的挤压、拉伸，观察、描述、比较，分析归纳出力可以使物体的形状发生改变。通过对橡皮泥和弹簧等材料撤销力前后形状变化的比较，初步感知塑性形变和弹性形变的不同。
情感、态度和价值观：
激发学生探究力与物体形变关系的兴趣，引发学生关注生活中力与形变相关的现象和问题，并尝试解释。</td></tr>
<tr><td>重点、难点</td><td colspan="5">在比较与分析的过程中，初步感知塑性形变和弹性形变的不同。</td></tr>
<tr><td>课前准备</td><td colspan="5">PPT 课件，学习单，橡皮泥、弹簧、海绵、铁丝等材料</td></tr>
<tr><td>教学方法</td><td colspan="5">科学探究、小组合作</td></tr>
</table>

<table>
<tr><td colspan="5">教 学 过 程 设 计</td></tr>
<tr><td>教学阶段</td><td>师生活动</td><td>设计意图</td><td>技术应用</td><td>时间规划</td></tr>
<tr><td>激趣引入</td><td>回顾小伙伴，引入课堂
神奇实验室开课了！有请老朋友尼莫上场（出示尼莫角色橡皮泥形象），橡皮泥是怎样变成可爱的尼莫的呢？
学生边展示边操作，捏、揉、拉伸等。</td><td>创设情境，激发学习兴趣。</td><td></td><td>2 分钟</td></tr>
<tr><td>活动 1：改变橡皮泥的形状</td><td>1. 改变球形橡皮泥的形状
提问：如果挤压或拉伸球形的橡皮泥，它的形状会发生什么变化？
学生猜想并发言。
教师操作，证实学生猜想。</td><td>通过观察、记录、描述、分析的思维过程，知道力可以改变橡皮泥的形状。</td><td>播放 PPT</td><td>18 分钟</td></tr>
</table>

续表

教学过程设计				
教学阶段	师生活动	设计意图	技术应用	时间规划
活动1：改变橡皮泥的形状	2. 改变更多形状橡皮泥的形状 同学们请拿出圆柱体的橡皮泥，分别进行按压和拉伸操作，注意体会你是怎样用力的。学生分组，动手实验，教师巡视并指导。 提问：说一说你是怎样做的？橡皮泥有什么变化？手有什么感受？ 学生汇报展示。 看来，力可以改变橡皮泥的形状，并且不同的力能让橡皮泥改变成不同的形状。 提问：橡皮泥被按压后变扁了，自己会鼓起来吗？ 学生回答。 教师：橡皮泥没有鼓起来，没有恢复原来的样子。那么，力能不能改变其他物体的形状呢？			
活动2：奇妙的形变	1. 探究弹簧的形变 教师：请同学们用刚才的方法研究力是否能改变弹簧的形状。注意观察弹簧有什么变化？手有什么感受？ 学生观察后作答。 教师：力撤销后，又有什么变化？ 学生观察后回答。 小结：看来，力也能改变弹簧的形状，但不同的是，当力撤销后，弹簧又恢复了原来的形状。 教师：橡皮泥和弹簧有什么相同和不同之处呢？ 学生：相同之处是力可以改变它们的形状。不同之处是去掉力后，橡皮泥能够一直保持这样的形状，不能恢复原来的形状；而弹簧能恢复原来的形状。	通过对橡皮泥、弹簧等材料的按压、拉伸，观察、比较，分析、归纳出力可以使物体的形状发生改变。初步感知塑性形变和弹性形变的不同。		15分钟

续表

教学过程设计				
教学阶段	师生活动	设计意图	技术应用	时间规划
活动 2：奇妙的形变	2. 探究更多材料的形变 请同学们利用海绵、皮筋等材料分组做实验，看一看它们和谁可以归为一类，是橡皮泥还是弹簧？ 学生实验，并做汇报。 教师根据学生汇报整理并板书：力可以改变物体的形状。去掉力后，有的物体可以恢复原来的形状（如弹簧、橡皮筋、海绵）；有的物体不能恢复原来的形状（如橡皮泥、铁丝）。			
拓展应用	生活中还有哪些神奇的形变 生活中有哪些地方利用到了奇妙的形变呢？为什么这样设计呢？ 学生讨论、汇报。如衣服袖口的设计就利用了形变，方便穿衣服。 总结：生活中处处存在着形变现象，我们不仅要有善于观察、发现事物的眼睛，还要有勤于思考的大脑和乐于实践的双手，让我们一起探索更多的科学奥秘吧！	运用学过的知识解释生活中的现象。	PPT	5 分钟

（路莹）

《尼莫变形记》教学反思

这学期我有幸加入了学校的 A-S-K 课程实践研究项目。感谢学校提供的机会，在北京教育科学研究院的专家、老师们的引领、指导下，我完成了《尼莫变形记》一课的设计和实施，现将本节课反思分析如下。

一、指导思想与理论依据

《义务教育科学课程标准》中提到：科学课程不仅要使学生获得重要的、基本的科学概念并认识概念之间的联系，还要使学生获得科学探究的技能和方法，以及合作交往、语言表达的能力。小学低年级科学课从学生亲历的生活中的实际问题出发，引领学生通过观察、实验、分析、讨论等科学实践活动，动手去“做”科学，让学生在手脑并用中获取科学知识与技能，主动获得对科学的理解，了解科学探究的过程与方法，培养科学的精神和态度。

二、教学背景分析

（一）课程内容分析

本节课选自湘教版科学教材二年级下册第一单元的《力与形变》。在学生认识推力和拉力的基础上，引导学生用不同的力改变塑性材料和弹性材料的形状，进一步明确力的作用效果。通过对各种物体的挤压或拉伸作用后，观察其形状的变化，认识到力可以使物体的形状发生改变，并通过比较发现，当力撤销后，有的物体能恢复原来的形状，有的则不能。

（二）学情分析

二年级的学生对周围世界具有强烈的好奇心和求知欲，喜欢问“为什么”。教师应充分了解学生的心理特点，并利用学生的好奇心，运用多种教学手段调动学生的学习积极性，培养学生对科学的热爱。二年级学生具备一定的观察、比较、分类等基本技能。针对学生爱动手、爱玩的天性，教师应避免长时间单纯地采用讲述、讲解的方法，尽可能通过观察、实验、记录等方式开展科学课的教学。

本课设计了两个环节：

1. 改变橡皮泥的形状

引导学生通过按压、拉伸不同形状的橡皮泥，经过观察、记录、描述、比较、分析的思维过程，加以梳理和提炼，认识到“力可以改变橡皮泥的形状，用力方式不同，橡皮泥的形状改变不同”。

2. 奇妙的形变

通过对弹簧、海绵、橡皮筋、铁丝等多种物体的按压与拉伸，观察、描述、比较用力时与力撤销后物体形状的变化，旨在初步感知塑性形变和弹性形变的不同。

通过两个环节，学生体验到力可以改变物体的形状，进而感受到形变的奇妙，引导学生关注生活中力与形变相关的现象和问题，并尝试解释。

三、教学反思

经过一学期与专家、老师们的研究、探讨与交流，这节课在教学设计上有了很大的变化。

（一）教学亮点

本节课从学生的生活实际出发，依据学生认知发展的规律，综合考虑科学概念发展的逻辑顺序、探究技能发展层次、教学内容间的相关性因素，设计本课教学。依据学生的障碍点，设立“教扶放”的时机，选择合适的教学策略，有效引领学生达成教学目标。在这一过程中，教师注重学生直接体验，让学生经历按压、拉伸橡皮泥、弹簧、海绵、橡皮筋等材料，引导学生发现并归纳力可以改变物体形状这一作用效果，渗透力的作用是相互的。

（二）存在的问题

相对来说，二年级的学生自制力有限。课堂上的实验材料、教室外的声响、桌上的文具等都能分散学生的注意力，使得学生的学习、思考不够深入。有些学生不能按照教师设计的环节有效学习。学生不知道怎么画出观察到的形变过程。

四、改进措施

针对二年级学生的特点，我调整了自己的教学策略——教学方式多样化，充分利用教具、板书、多媒体设备去调动学生的积极性，激发学生的学习兴趣。经过思考，我将整节课的知识内容进行梳理，并设计成图文并茂的板书。将学生的思维过程用板书呈现出来，这样有助于学生在观察、描述后，更加清晰地了解学习内容，进行比较、分析、归纳和总结，从而达成教学目标。

（路　莹）

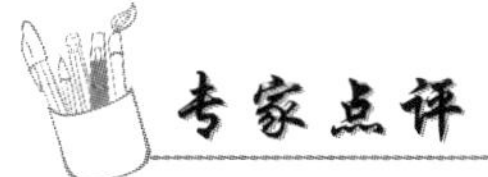

专家点评

本节课以“尼莫变形记”为主题，引导学生对于“力与形变”这个重要的科学概念进行探究。“力与形变”是小学科学物质领域的内容，在学生认识压力和拉力的基础上，引导学生用不同的力改变塑性材料和弹性材料的形状，进一步明确力的作用效果。通过对各种物体的按压或拉伸作用后，观察其形状的变化，认识到力可以使物体的形状发生改变，并通过比较发现，当力撤销后，有的物体能恢复原来的形状，有的则不能。

授课老师将尼莫代入课堂，让学生既惊喜又兴奋。由尼莫这个动画形象让学生用橡皮泥去塑造，在这个过程中去感受不同的用力方法（捏、揉、拉）可以让橡皮泥有不同的形状。然后再用相同的方法去观察弹簧的变化，从而将橡皮泥与弹簧进行对比，目的在于让学生感知塑性形变和弹性形变的不同。教师在授课中能够给学生们充分的动手时间，在每个关键点予以提示，引导学生观察对比，然后分析、提炼，真正地做到学生是学习的“主体”。

通过本节课的学习，学生可以分析归纳出力可以使物体的形状发生改变，能够感知塑性形变和弹性形变的不同，也让学生对力与物体的形变关系更加感兴趣。讲课中学生的每一个生成都很重要，怎样做好引导对于老师来说至关重要。每位学生对事物的认识是不一样的，把握关键环节的提问，引发学生更深入地思考，进一步培养学生的思维分析能力和科学素养。

（高梦妮）

第六节　美术模块

《好看的线条》教学设计

<table>
<tr><td>课程名称</td><td colspan="5">美术
好看的线条</td></tr>
<tr><td>备课人</td><td>张淑华</td><td>上课时间</td><td>2019.6</td><td>授课班级</td><td>一（1）</td></tr>
<tr><td>学习目标</td><td colspan="5">1. 引导学生从自然和生活中发现并认识线条的美。
2. 再进一步欣赏艺术作品中的线条，感受美。
3. 培养学生的想象力和创作力，尝试用线条表达对生活的美好情感。</td></tr>
<tr><td>重点、难点</td><td colspan="5">重点：
培养学生的观察能力，使学生初步学会欣赏的方法。
难点：
利用简单的线条表现一幅有主题的画。</td></tr>
<tr><td>课前准备</td><td colspan="5">PPT、画纸、彩笔</td></tr>
<tr><td>教学方法</td><td colspan="5">启发式教学法、小组讨论、师生互动</td></tr>
<tr><td colspan="6">教学过程设计</td></tr>
<tr><td>教学阶段</td><td>师生活动</td><td colspan="2">设计意图</td><td>技术应用</td><td>时间规划</td></tr>
<tr><td>多莉来了</td><td>师：同学们，今天多莉来到了我们的课堂上，她生活在美丽的海底世界，可她想到外面的世界去看一看，于是她来到了一个风景优美，有着悠久历史文化的国家——中国。
1. 她来到了云南哈尼梯田、国家体育馆。出示图片。学生用手画一画线条。
2. 教师出示课题：好看的线条。
3. 师：多莉来到了一所美丽的学校史家小学，她发现了许多美丽的线条。</td><td colspan="2">激发学生兴趣，初步感受自然界、生活中线条的美。</td><td>PPT</td><td>2分钟</td></tr>
</table>

续表

教学过程设计				
教学阶段	师生活动	设计意图	技术应用	时间规划
欣赏国画《春曲》	1. 师：你在生活中发现了哪些线条？ 学生发言交流。 2. 师：出示学生作品：多莉发现了同学们用线装饰的画，真美呀！ 3. 师：你在绘画中都用了哪些线条？ 学生发言交流。 4. 师：多莉看了同学们的绘画作品以后，对艺术产生了浓厚的兴趣，于是来到了中国的艺术圣殿——中国美术馆。她想让同学们帮她欣赏一幅中国画。 5. 师：出示图片《春曲》。看一看：你在最短的时间内发现了画面中的哪些线？ 学生观察 5 秒钟，用语言表达的同时用手画出线条。 6. 师：请你再仔细观察，你又有了哪些新发现？学生仔细观察画面，小组交流自己的新发现，并在全班交流。 7. 师：这些丰富的线条和彩色的点，使你联想到什么？请你给这幅作品起个题目。 学生展开丰富的联想，并根据自己的想象为作品起名字。 8. 师：出示作品题目《春曲》提问：什么是春曲？你认为春天的乐曲应该是什么样子的？根据题目观察画面中的点与线，联系生活想象春天的景象。学生尽情地抒发对春天的热爱之情。（诗句、歌曲） 9. 一幅作品怎样能欣赏到它的美呢？	培养学生的观察能力。从看一看到仔细观察，再到产生联想，最后根据题目欣赏作品，再联想到生活中的景象。培养学生欣赏作品的能力、评论能力以及想象能力、创造力。		18 分钟

续表

教学过程设计				
教学阶段	师生活动	设计意图	技术应用	时间规划
欣赏国画《春曲》	师生小结：观察、想象、创造。 10. 师：出示著名画家、美术教育家吴冠中的画作，并介绍他的生平，诞辰100周年。 11. 请你评论一下他是一位什么样的画家？ 学生根据欣赏的作品和对画家的了解，对画家进行评论。有想象力的、有创造力的、善于观察的画家。			
画一画好看的线条	1. 作业要求。 师：请你用好看的线条画一幅有主题的画。题目自定。 2. 师：出示学生的作品启发学生创作。 3. 师：辅导学生创作，鼓励学生大胆表现。	培养学生学会运用线条，大胆地表现，充分发挥学生的想象力、创造力。		15分钟
分享收获	1. 师：组织学生参观作业。推选学生展示自己的作品。讲述如何根据主题运用线条进行表达。 2. 师：说一说在本节课中你有什么收获？ 师：播放多莉在本节课的收获录音。 3. 学生自我总结本节课的收获与体会。（欣赏的方式方法、善于观察的重要性，认识了吴冠中，欣赏了水墨画《春曲》线条。）	培养学生的交流能力、语言表达能力，以及对作品的评述能力。		5分钟

（张淑华）

《好看的线条》教学反思

2019 年 3 月，我有幸能够参加 A－S－K 共创课程的研究。在整个的研究过程中，无论是在教学理念上还是在教学实践中都有了新的提高与突破。对于如何在一年级欣赏课上培养学生观察力、想象力以及欣赏作品的能力做了一些研究，现就《好看的线条》一课做教学反思。

一、指导思想与理论依据

依据一年级孩子的年龄以及身心发展的特点，美术课不仅要求教会学生简单的绘画技能，而且要求培养学生的观察能力、想象力、创造力。观赏自然和各类美术作品的形与色，能用简短的话语大胆表达自己的感受。培养学生的核心素养并提高学生的审美能力。

二、教学背景分析

《好看的线条》这一课，是一年级造型表现领域中的一节课。在这一领域中，更加注重学生线条的表现、运用、丰富性以及技能的展现。在教材中，吴冠中的水墨画《春曲》只是让学生了解线条在艺术作品中的运用，并不要求作为主要欣赏部分。另外，在以往的教学中欣赏评述领域，教师讲述与分析得多，给予学生发挥的想象空间较少。于是，我在备课中对教材进行了拓展，但这并不等同于完全脱离教材，而是在教材要求的基础上进行欣赏领域的深入与再开发。

（一）课程内容分析

本节课属于造型表现学习领域。线条是绘画的基本元素，也是作者用来表达感情的要素。线条的变化丰富，具有丰富的表现力。这是系列课程的第一课，意在强调让学生发现生活中的线条，同时引导学生学会欣赏作品中的线条美，以及体验用线条画画的乐趣。

根据 A－S－K 教学理念，立足于教材的同时，根据学生的需求开发教材，我制定了本节课教学目标：（1）引导学生从自然和生活中发现并认识线条。(2) 进一步欣赏艺术作品中的线条，感受美。(3) 在创作中用线条表达生活的美好情感。让学生学会欣赏的方法是本节课的重点。

如何达到教学过程和方法最优化，突破教学重点，这也是A－S－K课程理念研究的重点。经过一段时间的实践，我决定先从观察入手，让学生学会观察，这也是使学生学会欣赏的重要基础。我以此为突破口从引导学生观察身边的线条开始，再观察艺术作品中的线条，从而联想到生活中的景象。再回到欣赏作品中去，层层递进。生活与创作密不可分，在这种不断的空间转换中，使学生感受到艺术来源于生活，又要回到生活中去，潜移默化地渗透吴冠中先生的创作理念，从而激发学生的想象力与创造力。

(二) 学生分析

一年级学生小，对事物充满好奇心，在决定选择本节课教学内容时，我也担心一年级学生欣赏起来是不是有难度，会不会看不懂，我们大人都难以理解的作品，孩子能不能欣赏得了……其实这很容易理解，一年级学生欣赏这样一幅用传统的绘画技法但是却用了抽象的现代的表达方式来表现的水墨画确实有难度。

但是，这也许恰恰是用了我们的思维方式代替了学生，认为我们做不到的学生也同样很难做到，但我们忽视了，学生有着比我们更丰富的想象力，他们不拘一格，不受任何形式的约束，敢于表达自己内心的最真实的感受，更能在欣赏作品时体现个人的独特的感受。这恰恰就是在欣赏艺术作品时最难能可贵的。我要特别感谢北京教科院的老师们给予我这样的实践机会，让我坚持做这样一个尝试，并且为我深入研究提供了理论以及方法上的巨大支持。

根据学生情况，我设计了以下教学流程（图2－11）。

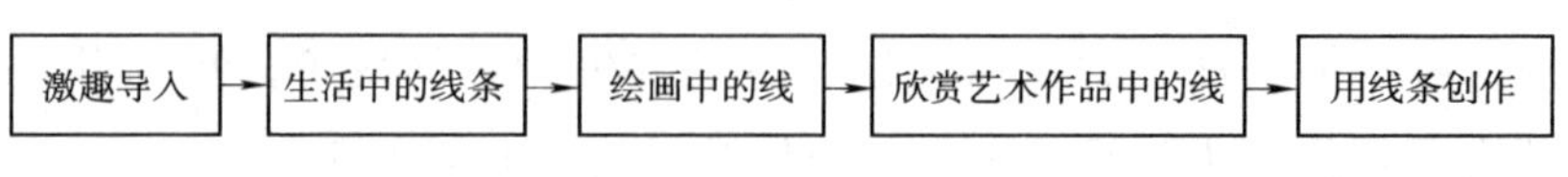

图2－11　教学流程

一年级学生的特点是喜欢游戏和情境设置，因此我用学生喜爱的动画形象多莉来中国旅行这一情境作为新课前的导入，吸引学生的注意力，激发学生的学习兴趣。由多莉这一角色的新发现，引导学生观察生活中的线与绘画作品中的线，从而在老师的帮助下欣赏艺术作品《春曲》中线条的美，使学生学会欣赏的方法，感受中国画的魅力。在此基础上，学习用线条表达自己内心的感受，进一步在想象与创作中感受线条的美。

三、教学反思

在与课题组老师们多次的研讨中，经历了从选课、备课、教学实践、课下反思等一系列反复的过程，使我从开始的迷茫，到思路渐渐清晰，再到课堂改进的全身心投入，课堂上能够充分发挥自己的创造性。在这个过程中无论是在教学理念上，还是在教学实践中都让我受益匪浅。下面就以下几个方面进行教学反思。

（一）教师教学方式的转变

在课题组老师和领导的引领下，首先树立先进的教学理念。在研究中，我在教学中的一个重大转变就是认识到学生是引领课程的真正主角，一切从学生出发。教学不仅是教与学，更像是一个共同体，要慢慢学会跟孩子们一起学习。因此，我更加关注课堂上的师生互动、生生互动。学会倾听学生们的想法，学会站在学生的角度去想问题。我时常被孩子在课堂上的奇思妙想和丰富的情感所感动。

学生的发言给了我很多教学的灵感，为我本节课的教学思路打开了另一扇门，于是才有了后来的教学改进。每一次课程的推进，都是依据学生在课堂上出现的问题进行研究，这也是每一次课程深入渗透的起源。例如，在讲课中学生情不自禁地背起了关于春天的诗句，学生小声哼唱春天的乐曲。其实并没有有意安排这些环节，但是孩子们在当时欣赏画面时触景生情，情不自禁地感受自然并表达出来，非常有代入感和感染力。我想这就是艺术的魅力！对我而言最可贵的是，我找到了在课堂上与孩子们自然和谐的相处模式。吴冠中先生强调生活与创作的关系，就像“风筝不断线”。在课程的研究中，教师与学生的关系又何尝不是如此呢？他们彼此制约，相互成就，共同成长。

（二）学生学习方式的变化

在 A－S－K 课程目标的引领下，多次的课堂实践中，一切基于学生发展的需求，符合学生的认知规律。学生在学习过程中从他们的生活以及身边熟悉的事物入手，以发现美、欣赏美、创造美为主线，自然地融入学习中，课堂上多种学习方式的呈现，使学生不再是呆板的、被动的学习者，而是主动的、积极的参与者，更是课堂教学的引领者。学生始终保持着学习的热情，孩子们的想象力和创造力得以充分发挥。

四、改进措施

（一）A－S－K 共创课程的研究拓宽了我今后的研究领域

通过本次的研究，语文、音乐甚至是舞蹈等学科都可以在美术课欣赏教学中融合。这样一种创造性的尝试，为我以后进一步研究低年级欣赏课开辟了新的思路。

（二）A－S－K 课程研究的持续性

教学思想固化的背后是我们不愿意尝试新的东西，这也是导致教学改革停滞不前的主要原因，而教学研究是一个非常好的契机，迫使我们必须做出改变，就像乔校长在与我交流中说到的，课程研究就是在一次次的渗透与剥离中发现事物的本质，我想这就是研究的意义。在这一过程中不仅成就的是学生，我也看到了真实的自己，无论你有多少困惑，还是在尝试过程中经历了多少次失败，重要的是你勇敢地去面对。我想在教学研究的路上没有捷径，唯有脚踏实地、持之以恒地植根于课堂、植根于学生，才能真正地使课堂焕发出生命的活力！

（张淑华）

专家点评

本节课以“好看的线条”为主题，引导学生在自然和生活中发现并认识线条的美，再进一步欣赏艺术作品中的线条，感受美，培养学生的想象力和创作力，尝试用线条表达对生活的美好情感，使学生初步学会欣赏的方法。

授课老师从同学们喜爱的“多莉”导入，先由“多莉”带领学生来到云南哈尼梯田、国家体育馆，发现了许多美丽的线条。激发学生兴趣，初步感受自然界、生活中线条的美。然后到学生们熟悉的史家小学，进而培养学生的观察能力。从看一看到仔细观察，再到产生联想，最后根据题目欣赏作品，再联想到生活中的景象。培养学生欣赏作品的能力、评论能力，以及想象力、创造力。

本节课既激发和保护了学生的好奇心，又满足了学生的创作欲，采取学生自评互评的方式，尽量避免以成人的角度主观、武断地评价学生作品，给那些具有学生自己独特见解、独特风格的画以充分的肯定，让学生找到自信，并从小培养学生的观察力、想象力、创造力，使学生真正成为教学活动的主人。

（赵慧霞）

《参观海洋馆》教学设计

<table>
<tr><td>课程名称</td><td colspan="5">美术
参观海洋馆</td></tr>
<tr><td>备课人</td><td>刘玳含</td><td>上课时间</td><td>2019.6</td><td>授课班级</td><td>二（16）</td></tr>
<tr><td>学习目标</td><td colspan="5">知识与技能：
学习表现人物的背面动态，巩固大小对比、前后遮挡关系的表现方法。
过程与方法：
通过让学生回忆、观看视频与图片、小组交流，教师示范等方式，引导他们尝试自主学习的方法，学习表现人物的背面动态，提高造型能力。
情感、态度和价值观：
向学生渗透保护海洋环境的理念，激发他们探索奥妙无穷的海洋世界的兴趣。</td></tr>
<tr><td>重点、难点</td><td colspan="5">重点：
运用大小对比，前后遮挡、夸张变形等方法，表现人物和海洋生物的动态特征，生动地表现同学们参观海洋馆的情景。
难点：
如何表现好人物背面动态。</td></tr>
<tr><td>课前准备</td><td colspan="5">PPT 课件</td></tr>
<tr><td>教学方法</td><td colspan="5">活动探究、小组合作交流、示范法</td></tr>
<tr><td colspan="6">教学过程设计</td></tr>
<tr><td>教学阶段</td><td colspan="2">师生活动</td><td>设计意图</td><td>技术应用</td><td>时间规划</td></tr>
<tr><td>教学导入</td><td colspan="2">教师：蓝色小鱼多莉为了找到她的爸爸妈妈，来到了她小时候生活过的地方，我们一起去看一看那是哪里。
播放视频《海底总动员 2》片段。
教师：你们知道这是哪里吗？
学生：海洋馆。
教师：多莉在海洋馆见到了她小时候的朋友鲸鲨运儿，交到了新朋友章鱼汉克、白鲸贝利，找回了她的爸爸查理和妈妈珍妮。那么你去过海洋馆吗？还有什么朋友可以介绍给多莉？
学生答。</td><td>通过观看视频激发兴趣。回忆自己参观海洋馆的经历，让学生有代入感。

回顾之前所学知识。</td><td>播放 PPT</td><td></td></tr>
</table>

续表

教学过程设计				
教学阶段	师生活动	设计意图	技术应用	时间规划
教学导入	出示教具。今天刘老师把多莉的一部分朋友邀请到了教室中，请你看一看，你能找到最大的鱼和最小的鱼吗？为什么我看不到小丑鱼的尾巴？ 学生答。 板书：大小、遮挡。 今天多莉邀请同学们一起回到她小时候生活过的地方——海洋馆，一起去参观一下吧。 出示课题“参观海洋馆”并板书。			
模拟参观海洋馆	下面多莉邀请你参加一个小游戏。 1. 游戏规则：我们模拟参观海洋馆，分为小小表演家和超级摄影师。 （1）表演的同学在 3、2、1 倒数之后定格五秒，不能让照片变“虚”（不能动）； （2）摄影师问“准备好了吗”？得到回答后倒数三个数 3、2、1，然后一起喊“咔嚓”； （3）站在讲台的屏幕前。 有没有同学愿意做第一个勇敢的表演家，刘老师有奖励。 先叫人，再出示图片。 2. 来玩吧。 （1）这名勇敢的同学来到了第一个展厅。当你走过海底隧道时，一只蝠鲼从你的头顶游过，你会摆出什么动作来观看它？（一个人）如果我借给你一个手机，你会做什么？	设置具体情境，激发探究兴趣。 学生充分理解游戏规则后，按照要求全员参与游戏，教师引导观察。 通过学生动作简单概括人们的动态，为后面学习奠定基础。	播放 PPT	20 分钟

续表

教学过程设计				
教学阶段	师生活动	设计意图	技术应用	时间规划
模拟参观海洋馆	 (2) 这名同学，请你叫一名朋友来和你一起参观，你们会有什么动作？（两个人）  (3) 一只白鲸宝宝向你缓缓游来，你想做些什么？ 你想不想邀请刘老师和你一起参观呢？ 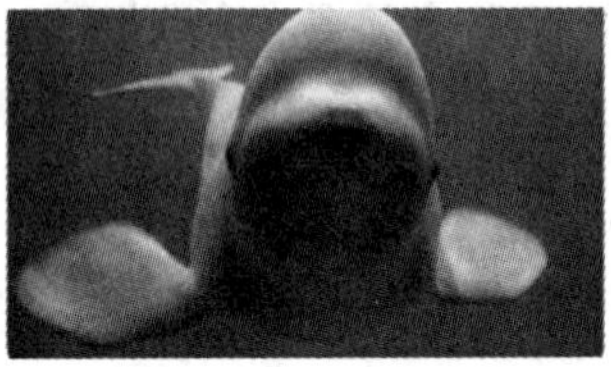 (4) 邀请一组人，来观看你喜欢的动物，和他们互动吧！ 			

续表

教学过程设计				
教学阶段	师生活动	设计意图	技术应用	时间规划
模拟参观海洋馆	3. 刘老师和大家一起参观了表演，非常激动，我创作了一幅作品，大家看看，除了美人鱼是面对着我们的，其他人都是什么方向？ 学生答：背面、侧面。	展示不同情境下人们参观海洋馆的动作与组合。		
交流学习	请你打开课本看一看，书上这几幅作品是怎么表现刘老师刚才讲的这几方面的？ 这幅作品有什么值得你借鉴的东西？和同学们分享一下。 学生：认真观察作品，小组交流。 教师示范。 同学们，我们一起画一画吧，刘老师先示范一下。示范画面的局部（参观的同学背面人物动态），注意大小与遮挡。 学生：认真观看教师示范。 板书示范作画。 学生作品赏析。 刘老师之前上其他班的课时也留下了一些作业，我们一起来看一看，你觉得怎么样？为什么？ 学生答。 总结：同学们，你看不同的姿态组合起来有不同的美感，男女老少有不同的外形，希望你也能表现人物丰富多彩的动作。 板书：组合、外形、动作。	充分调动学生的积极性后，通过看书充分了解人物背面的动态。 通过欣赏同龄人的作品，启发学生的创造思路，借鉴他们的创作经验。学习参观海洋馆的表现方法及背面人物的画法。		
艺术实践	画一画参观海洋馆的情景，表现人物与动物和谐相处的情景。 实践要求： 注意人物背面的动态，遮挡和大小对比。	学生明确创作要求，在实践中加深对海洋馆的认识与理解，在实践中巩固人物背面的画法，以及	播放 PPT	20 分钟

续表

教学过程设计				
教学阶段	师生活动	设计意图	技术应用	时间规划
艺术实践		大小对比、前后遮挡等表现方法。		
拓展	作为一名小学生，我们能为海洋做些什么呢？ 不要乱丢垃圾。 听意大利抹香鲸妈妈的故事。	简单了解海洋现在面临的危机，渗透保护海洋的环保理念。	播放 PPT	1分钟

（刘玳含）

《参观海洋馆》教学反思

2019 年 3 月，我非常荣幸能够参加 A－S－K 共创课程的研究。在整个的研究过程中无论是在教学理念上还是在教学实践中都有了新的提高。对如何在课堂中更好地把握教学环节、学生互动，如何培养学生观察力、想象力、欣赏作品的能力，做了一些研究与尝试，以下是我对《参观海洋馆》这一课进行的教学反思。

一、指导思想与理论依据

《义务教育美术课程标准》中“以人的个性发展”为出发点，催生出美术教育的一个新理念，转变了过去“满堂灌”的教学方式，更加倡导学生积极主动的学习方式，在教学的过程中教师不再是一味地将知识灌输给学生，而是通过师生交流、生生交流等合作模式进行思想上的碰撞，以学生的视角来发现问题，并学习如何解决问题。

新课程标准指出，“为学生全面发展而评价”，这一理念简约而明确地要求教师构建一种全面、重过程、重创新的教学体系。作为美术教师，同样要以教学目标为依据，关注对学生学习目的、态度、审美意识的评价，注重学生想象力和创造力的发展与评价。

就评价内容而言，现实教育中的教学评价主要围绕认知领域而展开，对情感领域并没有给予足够的重视。在评价的着眼点上，从注重对结果的评价，转向注重对过程的评价，尤其是师生之间的互动和学生的参与性的评价。在评价主体上，从过去几乎完全由评价者来进行评价发展到评价主体的多元化。在评价方法上，改变了传统课堂教学评价主要由量表呈现的局面，体现出方法多样的特点。在评价过程中，也改变了以往的一次性、终结性评价的方式，而采用终结性评价和形成性评价相结合，多次、多点、多方位进行评价。

二、教学背景分析

根据二年级学生的年龄特点和学习兴趣，以及本校学生的自身情况，我从教学内容和学生情况两方面进行分析：

（一）课程内容分析

《参观海洋馆》一课属于美术教材中“造型表现”领域，旨在通过表现参观海洋馆这一内容，引导学生挖掘自己在实际生活中积累的关于海洋动植物以及海洋馆的感性经验，运用自己逐步提高的造型表现能力，结合自己丰富的想象力和大胆的创造力，创作出一幅同学们参观海洋馆的情景作品，并注意表现好人物的背面动态，巩固之前学过的大小对比、前后遮挡等表现方法。

（二）学生分析

二年级学生年龄七八岁，该年龄段的学生想象力丰富，对画画有较强烈的表现欲望，色彩表现力强。对事物的形与色有了一定的了解与掌握，能用简单的线条和色块大胆地、自由地表现他们所见所想的事物。他们对美的事物很感兴趣，有初步感受美的能力。本课紧扣学生的年龄特点及其生活实际和兴趣，让大部分同学都走进海洋馆。我积极调动他们的回忆，为这节课做铺垫。本校学生自信且喜欢表现自我，愿意与老师进行互动。

基于上述的分析，我制订了以下的教学流程（图2-12）：

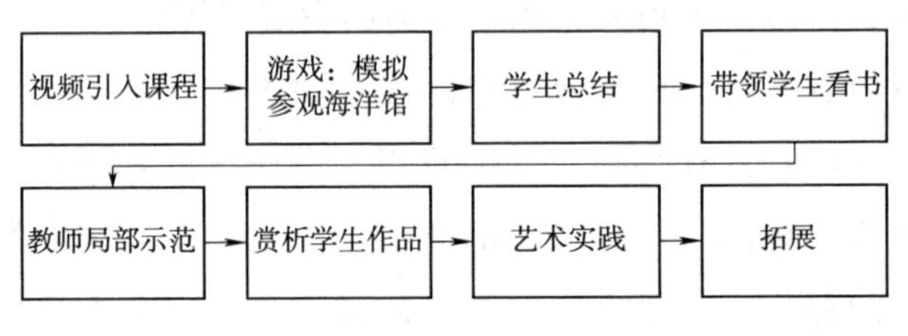

图2-12　教学流程

三、教学反思

上完这节课后，我对这节课进行了更加深入的思考，有以下收获。

经过一学期与专家老师们的研究、探讨与交流，这节课在教学设计上有了很大的变化。《参观海洋馆》这节课内容较多，涉及人物动态、丰富的海洋动植物、前后遮挡、大小对比表现手法等。我在开始设计教学环节时什么都想把握住，这样反而造成了教学重难点不突出，课堂层次略显单薄等问题。试讲之后，我积极和专家交流，请教组内老师，针对专家的指导意见进行修改，同时也针对二年级学生的特点调整课堂环节。修改过后我选择从视频导入，激发学生兴趣，同时回忆自己参观海洋馆的经历，让学生有代入感。同时我做了大量的教具张贴在黑板上，让学生有一种教室即是海洋馆的感觉，也起到了示范海底生物的作用，模拟参观海洋馆这一情节也经过一次次的调整，只为了让学生更好地、更自然地表现人们参观时的动态，超级摄影师也让孩子们通过这样的方式仔细观察表演的同学，之后的看书、局部教师示范、赏析学生作品等环节，也帮助学生更好地解决这节课的重难点。最终在展示课上，学生的表现也是非常好。

通过这一学期的修改、交流、展示等，我这名青年教师获益很多。为了上好这节课，我之前做了大量的课前准备工作，如教学资料的收集、课件的制作，教学中的每一个环节的设计，语言的锤炼，等等。我在此过程中经受了历练，有了很多收获和感悟。感谢帮助过我的老师们，给我提出了许多好的建议，让我能清醒地认识到教学设计中一些细节的不完善，比如教学语言的不精练、教学手势和动作、教学情境的创设、课堂时间的控制方面等。正是团队力量的引领和帮助，才让我在短时间内能够集思广益，关注到了课堂的每一个细节，收获了较好的课堂教学效果。

四、改进措施

通过以上教学反思，我认为《参观海洋馆》一课可以在以下几个方面进行改进与完善。

（一）课堂教学方法多样化，提高学生学习兴趣

在美术课堂教学过程中，除常规教学方法外，还可以采用一些特殊的教学方法。针对低年级学生的特点，本节课上我通过创设情境，让学生模拟参观海洋馆，以及学做摄影师的环节，为学生创造开放思维、自主表现和创新表演的时间和空间。多把课堂交给孩子，学生更

好地参与课堂活动，鼓励学生自主地探索和实践，在艺术体验中获得知识，提高综合素质。但是我认为本课交给孩子探索的时间过短，所以教师也可以运用多种方法与学生一起活动，增加活动的丰富性，可以与学生一起体验其带来的愉悦和成功感。这样在教和学的过程中学生的积极性更高了，对美术课的学习更认真了。

（二）课堂评价多样化，积极给予肯定和鼓励

对于学生的回答要做到及时反馈，针对性要强。比如，课上学生的回答不是老师要的答案，老师要保护他的积极性，可以对他说："老师欣赏你踊跃回答问题的积极态度，对于答案你可以再思考思考，听一听其他同学是怎么回答的。"同时美术作业是在课堂中完成的，对学生的作业的点评要多元化以及有针对性，善于发现学生作品中的闪光点，可以组织多种评价方式，对绘画中有创造性的学生给予肯定，不断激发学生们的学习兴趣。

最后，感谢学校提供机会，让我有幸加入了学校的A-S-K课程实践研究项目。感谢学校领导、专家老师们的指导和帮助，在以后的教学中我会继续探讨研究，灵活运用各种教学方法，上好每一堂美术课。

（刘玳含）

专家点评

本课以“参观海洋馆”为主题，引导学生对如何参观海洋馆的问题进行思考，积极引导学生思考怎样进行细致的观察，怎样设计合理的参观路径，并且用创作的方式把所见所想呈现出来。

授课教师以《海底总动员》的电影片段进行导入，通过播放学生熟悉且喜爱的作品快速地带入情境之中，进而教师引导学生对造型色彩等进行关注，再通过示范完成一系列的视觉思维培养。教师的设计丝丝入扣、层层递进，在提问中不断引发学生的思考，在实践中加深学生的记忆。

通过本课的学习，学生掌握了运用大小对比、前后遮挡、夸张变形等表现人物和海洋生物的动态特征的基本方法，体验到造型活动的乐趣。在教学过程中，学生的表达不够充分，造型活动的丰富性有待进一步提高。

（黄浩）

第七节　音乐模块

《喜鹊钻篱笆》教学设计

<table>
<tr><td>课程名称</td><td colspan="5">音乐
喜鹊钻篱笆</td></tr>
<tr><td>备课人</td><td>张慧超</td><td>上课时间</td><td>2019.6</td><td>授课班级</td><td>二（5）</td></tr>
<tr><td>学习目标</td><td colspan="5">知识与技能：
在聆听中了解歌曲风格特点，并能够演唱歌曲简谱。
过程与方法：
通过听唱与视唱相结合的方法逐步掌握歌曲旋律，并结合歌曲有秩序地进行游戏与表演活动。
情感、态度和价值观：
通过聆听与学唱感受歌曲欢快的情绪，增强学生对民族音乐的感知力，并提高对民族音乐的兴趣。</td></tr>
<tr><td>重点、难点</td><td colspan="5">能用欢快的情绪有感情地演唱歌曲，并准确掌握歌曲旋律。</td></tr>
<tr><td>课前准备</td><td colspan="5">PPT 课件、相关视频</td></tr>
<tr><td>教学方法</td><td colspan="5">聆听感受、自主探究、体态表演、合作交流</td></tr>
<tr><td colspan="6">教 学 过 程 设 计</td></tr>
<tr><td>教学阶段</td><td>师生活动</td><td colspan="2">设计意图</td><td>技术应用</td><td>时间规划</td></tr>
<tr><td>猜谜导入</td><td>多莉考考你
多莉来到中国与孩子们互动猜谜，请学生看舞蹈猜民族。</td><td colspan="2">激发学生兴趣，快速进入课堂。</td><td>PPT</td><td>1 分钟</td></tr>
<tr><td>律动铺垫</td><td>伙伴同跳彝族舞
活动 1：看师生合作表演舞蹈，请学生猜民族。
活动 2：教师简介彝族相关信息。</td><td colspan="2">感受体验彝族歌舞，为之后的学习做铺垫。</td><td></td><td>3 分钟</td></tr>
<tr><td>揭示课题</td><td>文化知识渗透
活动 1：听着彝族歌曲《喜鹊钻篱笆》，集体跳所学彝族舞。</td><td colspan="2">了解与歌曲相关的背景文化。</td><td>播放 PPT</td><td>6 分钟</td></tr>
</table>

续表

教学过程设计				
教学阶段	师生活动	设计意图	技术应用	时间规划
揭示课题	活动 2：提问舞蹈中最有意思的一个动作是什么？——钻，并揭示课题：歌曲名称与舞蹈中的“钻”有关。			
学唱歌曲	活动 1：多莉的小问题 （1）播放歌曲范唱，多莉提出情绪、拍子、演唱形式的问题，学生听范唱回答。（情绪欢快活泼，2/4 拍，齐唱） （2）多莉请学生看着谱子再次听歌曲，学习中国字，提问歌词含义——大家一起钻篱笆玩。 活动 2：和多莉唱乐谱 （1）跟着多莉一起尝试唱乐谱，掌握旋律——多莉唱一小节，学生找到旋律相同的小节学唱。 （2）自主学唱最后一个乐句乐谱，同时选出打击乐手。 活动 3：加歌词演唱 请学生加上歌词完整演唱。	学生通过听唱为主，视唱为辅的方法，逐步掌握歌曲旋律，多莉与学生的合作环节，激发了学生学习兴趣，降低了学习难度。	播放 PPT	15 分钟
完整表演	活动 1：加打击乐伴奏 由几位同学负责打击乐伴奏，其他同学完整演唱歌曲。 活动 2：加上舞蹈完整表演 请学生按录音范唱，在前奏后加上“哦”的喊声和舞蹈动作，完整演唱歌曲。	学生通过打击乐伴奏丰富了伴奏形式，舞蹈的加入加深了对歌曲中民族的了解，并提升了学习兴趣。		10 分钟
拓展学习	1.《喜鹊钻篱笆》是彝族小朋友做游戏时演唱的歌曲，作曲家罗麦朔先生根据这首彝族歌曲编创了不同的版本，下面就请多莉和	学生感受不同形式的演唱歌曲，体会彝族儿童一起游戏时欢快热闹的气氛。	播放视频	4 分钟

续表

教学过程设计				
教学阶段	师生活动	设计意图	技术应用	时间规划
拓展学习	同学们来聆听由史家金帆合唱团演唱的《阿西里西》。 2. 提问演唱形式。 3. 介绍合唱的基础知识。			
归纳总结	彝族人民与各少数民族人民一样，除了喜爱用歌声表现对生活的热爱外，还喜欢用舞蹈来表现。总之，彝族是一个聪明、富有智慧的民族，在漫长的岁月中，创造了光辉灿烂的历史文化，形成了自己的良风美俗，发展了丰富多彩的文化艺术，成为祖国文化遗产宝库中的一部分。	总结课堂内容，肯定学生的课堂表现，增强学生的文化自信，渗透民族文化精髓。	播放 PPT	1 分钟

（张慧超）

《喜鹊钻篱笆》教学反思

音乐学习本身是简单快乐的事情，学习的过程应是愉快顺畅的。我们面对的是一群天真活泼的孩子，让孩子在学习音乐知识的同时感受快乐是音乐课的根本，而 A－S－K 的教学理念也正符合这一教学要求。《乐记》中说道："凡音之起，由人心生也。"我们可以说：音乐是使人心情舒畅、轻松快乐的最佳途径。所以，乐（yuè）即是乐（lè）。

一、指导思想与理论依据

依据《义务教育音乐课程标准》进行设计，紧扣中国学生发展核心素养标准，深化人文底蕴，培养学生对中国民族民间音乐的感知力，激发学生的学习兴趣，提高学生对"彝族歌曲"这一特有艺术歌曲的感性认识和实践表现能力。

课程标准中指出，应将我国各民族优秀的传统音乐作为音乐教学的重要内容。要尊重民族传统文化，理解音乐文化的多样性。

二、教学背景分析

本课以对学生的态度（Attitude）、技能（Skill）、知识（Knowledge）的综合训练为基础而设计。利用图片和体态方式深入感受教学的人文特色和教学内容。学生通过体验、模仿、竞争、自主学习、合作的过程，感受自主学习与团队合作的重要性，提高学生的音乐感受力、音乐表现力及团队合作的能力。

（一）课程内容分析

《喜鹊钻篱笆》是一首关于贵州彝族儿童游戏的歌曲，2/4 拍，单乐段结构。歌曲旋律节奏感强，歌词简单风趣，表现了孩子们庆祝节日的情景，以及他们手拉手围成圆圈进行游戏时无比欢乐的心情。

（二）学生分析

发声方面：大部分学生习惯于自然的发声状态，能够做到有表情地歌唱，但对于本课拓展部分中所运用的花鼓戏近似民歌的洪亮且发声位置靠前的发声方法，学生还从未接触过。

识读乐谱方面：学生具备识读短小乐句的五线谱、字母谱，具备为歌曲打拍子的能力。

演唱方面：在平时的音乐课中已适应听唱法和识读乐谱的教学，能够做到有表情地歌唱。

语言方面：学生从未接触过彝族方言。

基于上述的分析，我制订了以下的教学流程（图 2-13）。

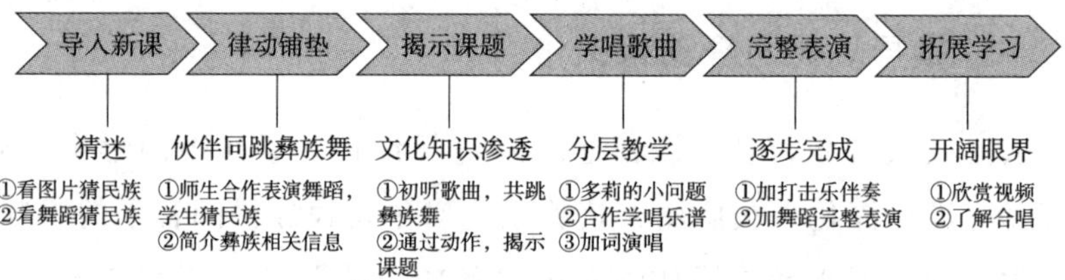

图 2-13　教学流程

三、教学反思

对于 A-S-K 课程，学生学习兴趣浓厚。二年级学生具有一定的音乐学习能力和基本知识基础。孩子们喜欢在轻松欢快的气氛下进行音乐学习，并更善于模仿。所以在授课前我根据学生的特点进行了针对性的教学环节设计。上完这节课后，我对这节课进行了更加深入的思考，有以下思考和收获。

歌词是彝族的方言，主要表现了儿童游戏时无忧无虑、无比欢快的心情。为了让学生们能够充分感受彝族儿童在游戏中自由、快乐、团结友爱的情绪，我首先采用了“舞蹈”的方式进入课堂，使学生在第一时间感受到彝族艺术的情绪与合作的特点。在本节课教学中，我通过听唱法、视唱法、教唱法、游戏法进行教学，运用多种手法引导律动，做简单的舞蹈动作边唱边演。

学生在二年级阶段已掌握了一些基本的音乐知识，如音的高低、强弱、长短、节拍、唱名，用正确的歌唱姿势、正确的发音方法唱歌等。这个阶段的音乐教学应该结合学生的年龄特点和生活实际，关注学生的学习过程，关注学生的主体性、参与性和愉悦性，通过律动、游戏、唱歌、创编等音乐形式启发学生的音乐感知能力。

（一）律动引入，营造氛围

首先播放音乐。随着欢快的音乐响起，同学们随老师舞蹈，课堂活动由律动开始，很快把每一位学生都吸引过来参与游戏活动，营造和谐、民主、欢快的课堂气氛，以愉快的心情为后边的学习活动做好情感铺垫。

（二）节奏读词，理解含义

在聆听过程中熟悉歌词和旋律，并在提问中引导学生关注歌词含义，由老师进行进一步的解答，使学生了解到歌词大意和歌词特点，为进一步学唱歌曲进行铺垫。

（三）演唱歌曲，动口动脑

由节奏入手，引入歌曲，通过老师对彝族的介绍，勾起学生强烈的好奇心和新鲜感，学唱歌曲时采用寻找相同旋律、学生视唱、教师纠正的方法来降低难度，使导学、铺垫、演唱教学处处在生动活泼的气氛中进行，由易到难，逐步完成教学目标。

（四）打击乐伴奏，激发兴趣

这一环节让学生根据 PPT 图示进行打击乐伴奏，体验音乐课的无穷乐趣。而教师本人强化参与者、合作者身份，以增强与学生的亲和力，师生共同尝试，体验平等、和谐、民主的师生关系。

（五）游戏延伸，快乐升华

在《喜鹊钻篱笆》这首欢快的乐曲中，在掌握彝族舞蹈的基本动作后，请学生边唱歌边做游戏，在游戏的同时巩固了歌曲学习。让孩子在自己喜欢的游戏中展开歌曲学习，学生的情绪达到高潮，求知欲得到满足，短短的 40 分钟虽已过去，但他们仍沉浸在欢乐当中。

四、改进措施

游戏是学生们最喜欢的活动之一，也是重要的教学手段之一。由于大部分儿童歌曲的主题就是表现儿童的快乐，通过游戏多数学生能够学到音乐知识与技能，并从学中感受到快乐，如果在课中都能加入游戏，必能达到事半功倍的效果。当然，游戏教学法也存在很多局限性，比如学生的自律性、统一性，以及学生的参与能力等。这些都有待研究和改进。

（张慧超）

本课紧扣中国学生发展核心素养标准，深化人文底蕴，依据《义务教育音乐课程标准》进行设计，培养学生对中国民族民间音乐的感知力，激发学生的学习兴趣，提高学生对“彝族歌曲”这一特有艺术形式的感性认识和实践表现能力。

授课教师由律动导入，让学生感受体验彝族歌舞，吸引学生参与游戏活动，营造和谐、民主、欢快的课堂气氛，为后面的学习活动做好情感铺垫。教师通过听唱法、视唱法、教唱法、游戏法进行教学，运用多种手法引导律动，启发二年级学生进行思考，进行自我认识。最后引发学生不断思考并积极反馈，能够边唱边演，做简单的舞蹈动作。

授课中教师能够把握每个阶段的关键点，设计思维支架，层层递进，环环紧扣，教师采用游戏的提问方式，进行演唱歌曲时的教学难点突破。授课中教师注重学生参与，但游戏教学法也存在很多局限性，如需要预设二年级学生的自律性和统一性，教学班级学生的参与能力，等等。这些也有待研究和改进，以达到教学中事半功倍的效果。

（张冉）

附　篇

共创未来素养培养的现实路径

——“史家小学学校品牌提升”项目总结

“史家小学学校品牌提升”项目是北京教科院与史家小学合作实施的学校发展项目。

2014 年北京市基础教育开始深化综合改革，形成了北京教育的新常态，给北京教育营造了新的发展环境，带来了新的发展机遇。2016 年，《中国学生发展核心素养》发布，影响着未来教育的改革方向。史家小学有 70 余年的发展历史，是北京市乃至全国的名校。“和谐教育”是该学校的办学特色，形成了较为完善的和谐育人体系，现已经成立史家教育集团。史家小学如何抓住这一历史发展机遇，推动学校品牌进一步提升，带动集团共同发展，面临一系列新的挑战与问题。

2016 年 9 月，史家小学与北京教科院就双方深入合作，支持史家小学进一步提升学校品牌达成初步合作意向，并计划于次年启动项目。

启动：定位、设计

2017 年 8 月 25 日，史家小学学校品牌提升项目正式启动。项目周期为三年，目标是在新的发展阶段提升学校品牌内涵，彰显学校办学品质。

项目聚焦于两个问题：一是如何深化史家品牌内涵并带动集团发展。在深综改、集团化的新背景下，面向未来教育发展需求，学校如何做出新的回应；二是学校如何回应核心素养培养的要求，开发、实施基于核心素养的史家课程体系，培养学生的核心素养。

项目落实为两大主要任务：一是通过科学方法进行品牌诊断与定位、品牌设计与实施、品牌评估与宣传，进一步提升学校品牌。二是聚焦于新时代核心素养，在北京教科院基础教育科学研究所前期开发的 A－S－K 课程体系的基础上，开发实施 A－S－K 史家课程体系，为学生终身学习、终身发展和适应未来社会奠定基础。

尝试期：共识、进步

项目启动后，开始分年级、分主题开展尝试期的实验。A－S－K 史家课程实验在一年级全面开展，品牌提升研究深入二年级，对伙伴文化进行调研分析。尝试期项目的典型特征是共识、进步。双方就项目的定位、实施等达成了多方面共识，完成了史家小学品牌提升调研报告、A－S－K 史家注意力模块课程、适应与自信模块课程的开发与实施，项目进展显著。

学校品牌提升研究，针对二年级开展品牌现状调研、品牌发展分析、品牌提升实践设计。从品牌联想、品质认知、回忆性等多个维度，建立指标体系、多方收集数据、科学解读数据，得出对“伙伴”品牌的认同度较高、对“伙伴”品牌的情感感知较高、教师对“伙伴”品牌的深化发展具有较强期待等结论，形成史家小学品牌提升调研报告，对伙伴内涵进行深入分析，对伙伴价值再开发，并根据学校基础进行活动改进尝试。

A－S－K 史家课程实验就 A－S－K 课程是什么，课程的定位、内容、实施方式、实施原则、流程，教师培训等，与一年级教师达成共识。

A－S－K 课程是北京教科院开发的课程体系。它是以培养学生的态度（Attitude）、技能（Skill）和知识（Knowledge）为基础，以发展学生核心素养为目标的，通过 Pre 课程、学科攻关课程、融通课程进行进阶式培养，为学生终身学习和发展、适应未来社会奠定基础的课程体系。

本学期开展的是 Pre 课程。Pre 课程侧重衔接，基于已有的儿童认知发展理论基础，并利用现代信息化教育技术手段，针对“学习品质”和“认知基础”为学龄儿童打造一系列以游戏化为特色的幼小衔接过渡课程。

依据“提供—选择—实践—共创”的课程实施方式，北京教科院提供注意力、表达力、想象力、适应与自信、数学初步、科学初步六个模块的Pre课程，史家小学本着稳步推进的原则，选择了注意力、适应与自信两个模块的课程，在一年级18个班全面开展实验，并在两个班做重点跟踪。

课程实验按照课程提供、前测、课程实施、后测、课程效果的流程开展。项目组为老师提供课程情境片、教案、教师用PPT、魔法手册（学生用）、教师活动手册、教师培训手册等全方位的资源支持，并就课程实施提供针对认识、定位的通识性培训，针对模式、关键点的针对性培训，针对实践改进的实战性培训以及引入课件观摩的示范性培训。

基于这些共识，A－S－K史家Pre课程开展了第一轮实验探索，成效显著。以注意力课程为例，一年级651名同学参加了前测与后测，注意力测试平均分由65分提升到69分，常模位置由67%提升到75%，注意力较高水平的学生比例由63.13%提升到80.03%，前后测差异显著（$t = -4.807$，$p < 0.01$）。参与实验的教师更是在理论认识、教学模式等方面发生了改变。教师们知道了注意力是指人的心理活动指向和集中于某种事物的能力。它是一种心理活动，不等同于认真听讲。游戏情景、实践活动、问题解决与反馈等被引入课堂，并做了“巧用课前三分钟，抓住学生注意力；精心设计教学，保持学生注意力；活用教材练习，增强学生注意力”等课堂实践的转变。

探索期：实践、共创

在初步尝试后，项目进入探索期。这一阶段的定位是解决两个问题，第一个问题是使每个人都成为知识的生产者。第二个问题是北京教科院作为一支外来的专业支持的队伍，要怎么样支持？支持到什么程度？因此，这个学期的关键词叫作实践和共创。从哲学意义上来讲，实践太复杂了，这里实际只抓一个特征，就是能动性。怎么让人“能动”做这件事情？主要指向个体，个体能否发挥能动性。什么叫共创？主要指向团队，团队是否能够发挥集体智慧，达到一个创造的结果。也就是说，在这个阶段主要解决个体提升和团队提升的问题，通过提升真正让科研机构强有力地支持学生的发展。

当我们作为知识的生产者进行实践、共创时，必须要解决三个层面的问题：第一个层面解决的是技术性的问题，第二个层面解决的是实践性的问题，第三个层面解决的是解放性的问题。这三个层面的问题针对的对象是不一样的，项目的关注点也不一样。在技术层面，关注的是寻找有效的教学策略，怎么把这节课高、精、准地让学生学会，而且指向其今后的核心技能或者是核心素养的培养。在实践层面，关注的是学生在情境里的发展，其中又关注三个点，即个体差异、学校的教学生活和实际生活相联系、学生的因材施教。在解放性层面，关注的是怎么让学生真正自主发挥，让学校成为学生释放天性、发挥能力的地方。

作为一个外在的力量，怎么支持教师？不是在专家培训后任由教师自主发挥，而是进行共同体建设。在建设共同体时，强调四点：（1）意义感，更多的是一种观念性的认同；（2）设计感，强调把观念设计、体现出来；（3）共情力，能让别的教师感觉到你的观念也不错；（4）故事性，能很好地介绍自己的教学活动。

这一学期围绕“实践、共创”，项目主要以关键事件的形式开展了九大类活动。

学校品牌提升研究，主要是进行品牌研判，在此过程中，项目做了三方面的工作：（1）广泛调研，用数据说明对品牌的认识、情感，以及它的专业性、待发展点，等等。（2）高端咨询会，强调二年级的伙伴教育隶属史家整体品牌的定位，重在如何分阶段地提升。（3）行动改进，分成七大领域研究，看它运行得怎么样，在实践中发现问题，查找实践与理念的差距。在品牌研判分析后，确定从游戏节“畅想2035”和《伙伴教伙伴》绘本入手开展行动改进，强调通过一个个精准的活动升级伙伴内涵、系统开发伙伴实践体系，使以“伙伴”为着手点的教育实践在时代性、深刻性、关键性上更进一步，凸显伙伴对于个人全面成长以及未来持续发展的重要功能和价值，推动校区教育品牌在专业性、协同性、领先性上有更大突破。

A－S－K 史家课程实验在上一学期开设 Pre 课程的基础上，增开学科攻关课程、融通课程，开齐三类课程。学科攻关课程选的是英语模块，融通课程选的是沟通与合作模块。实验仍旧是在一年级 18 个班全面开展，并在两个班做重点跟踪。

本学期课程实验按照培训、实践、共创的方式推进。培训仍为通识性、针对性、实战性、示范性四轮进行。实践强调积极合作、全面开展、重点跟踪。共创主要体现在课堂教学中的一些环节，以英语模块为例，增设课前准备、采用 TPR 教学法、环节细化，等等。

经过一个学期的实践与共创，学生注意力测试的中位数和高分段比例都有提升。此外，在课程评估的调查中，除了四份无效问卷外，其他问卷显示，学生都喜欢或特别喜欢 A－S－K 课程，80% 以上的教师认为改善了自己的学科教学方式，绝大多数家长反馈孩子对课程的评价很高。

拓展期：升级、攻关

探索期的经验与成绩为项目的拓展奠定了坚实的基础，而标志拓展期进步的两个词是升级、攻关，具体表现有三点：一是年级的拓展，二是教师的进步，三是专题的突破。

学校品牌提升研究，在对前期的伙伴教育进行研判和改进的基础上启动“伙伴成长计划”。“伙伴成长计划”从理念与定位、目的与结构、实施与要求、管理与评估等方面进行了系统规划，从基础、拓展、创造、支持四大领域分别提供了典型教育活动的设计范例，是在北京教科院学校发展研究成果基础上专门为史家小学二年级设计开发的一套教育活动指导体系，是校区依据学生发展特点和学校发展需要实施精准特色育人的解决方案，是教师设计、开发、实施伙伴特色教育活动的依据和指南。在计划指导下，二年级校区教师分组开展实践探索，力求体现伙伴活动“高阶思维”“具身认知”“动态建构”的学习特征，在具体任务情境中不断进行交流、协作与分享，从而更新认知、提升能力，逐步学会自主地、创造性地学习。在“伙伴成长计划”实施过程中，学校干部教师在思想认识和教育教学方式上也经历了艰难的变革。之所以说艰难，一是因为对低年级学生“放手”，从“跟老师学”到“同学之间学”挑战了原有的秩序观和绩效观；二是灵活运用教育资源，在课程中发掘每一项教育教学乃至管理活动的伙伴学习意义方面缺乏经验、先例，每位教师都不得不成为眼光敏锐的发现者；三是如何让学生在校园生活的真实情境中思考、交流，并且即时体验到学习成果的实践价值，对教师教育教学组织流程和方式提出了新的要求。

A－S－K 史家课程实验之前，一直只在一年级开展。现阶段是一、二年级全部进入，融通课程增开儿童哲学模块，学科攻关课程增开数学与思维模块，在 36 个班同期推进三类六个模块的课程实验。其中，一年级开设 Pre 课程的注意力模块、适应与自信模块，学科攻关课程的数学与思维模块，融通课程的儿童哲学模块；二年级开设学科攻关课程的数学与思维模块、融通课程的儿童哲学模块。

为了更好、更快地促进教师成长，培训方式也进行了升级，即在前期四类培训的基础上，加强了个性化培训。项目提供的个性化培训主要针对三个方面：一是怎么上这节课，课程该如何拆分；二是怎么上好一节课，重在研磨教材；三是怎么改进课堂，细节如何调整和完善。

专题的突破则体现在两方面：一是原有模块的升级，以注意力模块为例，之前的设计是四次课，升级版是五次课，增加了注意力与学科融合的内容。二是模块的新增，即儿童哲学、数学与思维。

儿童哲学源于美国，目前本土化的实践主要采用“学科＋”的路径，即在语文或其他学科加入哲学讨论，弊端是不仅无法保证探讨的是真正的儿童哲学问题，可能还会损害学科教学的完整性。因此项目组将儿童哲学设计成独立的课程模块，以特定的主题、不断追问的方式，顺着儿童的逻辑，教会儿童思考。

关于数学与思维，思维的顺序是从认知到评价，是由低到高；那么，教学是这样的顺序吗？在现实中，思维的顺序与教学的顺序并不是统一的，而项目的主张是要用高阶思维来统领低阶思维。教师对课标最熟悉的是知识点，其次是情感价值观，但与思维相关的点却很难拿捏，如培养学生的抽象思维和推理能力，培养得怎么样，是说不清的。以“数的抽象”为例，苏教版、北师大版，不同版本的教材设计的活动不尽相同，但从数的抽象的角度来考虑，教师怎么教才能让学生更容易认识这个数，或者说从实物到数的中间有步骤吗？还是说学生可以一步到位？如果假设有中间步骤，就需要给学生提供一个合适的思维支架。思维支架可分为三个层次：一是找一般规律，二是划分步骤，三是驱动一个完整的过程。因此，项目组将“数的抽象”设计成几个小环节：从实物到形象—从形象到数—从实物到数，让学生一步步经历一个完整的思维过程。

在拓展期，最大的进展是对学生的整个学习产生一些积极的影响，让他们学会思考，并能自由地、独立地去学习。

成型期：全覆盖、新突破

历经两年四个学期，史家小学品牌项目呈现出以下发展阶段：从启动期到尝试期，再到探索期，然后到拓展期，最后到基本成型期。在这五个发展阶段里，每个阶段都用关键词来引领这个学期的重点或者凸显这个时期的特点。

成型期的关键词是全覆盖、新突破，主要特点是：（1）低段两个“全”：第一个“全”指的是“伙伴计划”的典型活动覆盖全部领域，A-S-K课程覆盖全部学科，包含七个学科、22节示范课、七次交流展示，且A-S-K1.0和A-S-K2.0同时存在；第二个“全”是指全体师生，这一阶段的实验覆盖了一、二年级所有的教师和学生，人员是1600名学生、100名老师。（2）合作共创，通过基础培训、找准问题、优化设计、多次实践四步来实现课程共创。在共创过程中，北京教科院为教师提供的支持主要在五个方面：一是找准问题，明确究竟是什么问题；二是清晰领域，即在课标的哪个领域讨论这些问题；三是情境设置，有了问题和想法后，用什么情境最有利于学生达成；四是提供思维支架，让学生一步一步地递进发展；五是设计什么样的任务来进行驱动。（3）研究常态，即研究一个教育现象、一个现实、一个事实经过，认真地分析并把它逻辑化即可称为研究。对于一线教师而言，从寻常之处提问题，从寻常之处做反思，就是从研究开始。在实验过程中，教师不再仅仅依赖于教材，而是开始追问学科的本质、不断尝试新的突破，让研究成为日常的自觉行为。

在北京教科院和史家小学的协同努力下，实现以下几项重大突破：(1) 将理想的课程变成现实的课程，或者说从一个静态的课程向一个动态的体系发展。对史家而言，A－S－K 课程不再是一个静态的、理想的课程，而是实践过的、不断拓展升级的动态课程体系。(2) 将理想的学习变成现实的学习，或者说是由多样化的学习逐渐变成优化的学习。为了实现学习方式的转变，项目组研发了若干教学资源与学具，强调游戏学习和自身学习的运用，注重提供思维支架，真正促进学生的发展。(3) 构建专业共同体，促进“四有教师”的成长。在组建专业共同体时，把有扎实学识的教师的发展分成技术型、实践型、解放型三种类型，再依据不同类型来提供最合适的知识支持、技术支持和课程支持。

在这两年里，项目组在史家 A－S－K 课程体系的构建、教学资源的丰富、课堂教学的研磨、学习方式的变革、专业共同体的建设、伙伴文化的深化、学校品牌的提升等方面开展了大量的研究与实践，不断探索创新、优化升级，以追求教育理想的精神，真正为党育人、为国育才。

（根据张熙所长在“史家小学学校品牌提升”项目活动中的主旨报告整理）